Annika Rösler

Evelyn Höllrigl-Tschaikner

mythos mutterinstinkt

mythos

Annika Rösler
Evelyn Höllrigl Tschaikner

mutter

Wie moderne Hirnforschung
uns von alten Rollenbildern befreit
und Elternschaft neu denken lässt.

instinkt

KÖSEL

MIX
Papier | Fördert gute Waldnutzung
FSC® C083411

Penguin Random House Verlagsgruppe FSC® N001967

4. Auflage 2025

in der Penguin Random House Verlagsgruppe GmbH,
Neumarkter Straße 28, 81673 München
produktsicherheit@penguinrandomhouse.de
(Vorstehende Angaben sind zugleich Pflichtinformationen nach GPSR.)

Redaktion: Dr. Katharina Theml, Büro Z, Wiesbaden
Umschlaggestaltung: FAVORITBUERO, München
Umschlagmotiv: middlegray/Shutterstock.com
Satz: Uhl + Massopust, Aalen
Druck und Bindung: CPI books GmbH, Leck
Printed in the EU
ISBN 978-3-466-31202-3

www.koesel.de

» In einer Gesellschaft, in der wir noch immer so tun, als wäre Mutterschaft unsere Bestimmung und der Mutterinstinkt unsere Superkraft, schenkt dieses Buch Aha-Momente und Wow-Erlebnisse. Auf charmante und eindrückliche Weise bestätigt es empirisch, was viele Eltern längst ahnen – und verwandelt so das häufige Gefühl der Unzulänglichkeit in die entlastende Gewissheit, dass Elternschaft keine angeborene Fähigkeit, sondern eine erlernte Kompetenz ist. Danke für diesen wichtigen Beitrag zur Entmystifizierung des Mutterinstinkts und die Einladung zu einer Zukunft ohne Glorifizierung und Rollenkorsett. «

Romy Winter, Paar- & Familientherapeutin und Autorin (»Krisenfest«)

» Ich will dieses Buch nochmal lesen. Und nochmal. Wenn wir erkennen, wie wichtig und bereichernd gerecht geteilte Familienarbeit für alle ist, Frauen, Männer und Kinder, dann sind wir auf dem richtigen Weg, endlich Gleichberechtigung in allen Lebensbereichen zu ermöglichen. ›Mythos Mutterinstinkt‹ ist kein Buch nur für Frauen, es ist auch eins für Männer. Und am Ende ist es ein Geschenk für unsere Kinder. «

Florian Hacke, Schauspieler, Kabarettist und zweifacher Vater

» Dieses Buch würde ich gern allen werdenden Eltern als Pflichtlektüre empfehlen! Vielleicht gibt es dann mehr glücklichere Familien – auf jeden Fall aber freiere. «

Marie Zeisler, Ethnologin und Gründerin von Little Years

Dieses Buch ist für alle Frauen.
Und es ist für alle Menschen,
die eine Mutter haben oder hatten.

Inhalt

Die Erfindung einer Superheldin 9

Teil 1
Mythos Mutterinstinkt – HIStory 15

Muttergefühl – die große Liebe auf Knopfdruck? . . . 16
Es war einmal die »Gute Mutter« –
Wie der Mutterinstinkt erfunden wurde 29

Teil 2
Die Hirnforschung zum Thema Mutterinstinkt – HERstory 47

Die Muttertät – Mütter sind wir nicht. Mütter
werden wir 48
Mütterforschung ist Menschenforschung –
Das Elternhirn 102
Das Baby als Taktgeber – Der Tanz zwischen
Eltern und Kind 125

Teil 3
Leben in einer Gesellschaft ohne Mutterinstinkt – OURstory 141

Elternschaft neu denken 142
Plädoyer für ein neues Rollenverständnis 204

Dank 209
Anmerkungen 212
Literaturverzeichnis 230

»Wie wir gesehen haben, wird die erfundene Wirklichkeit zur wirklichen Wirklichkeit nur dann, wenn die Erfindung geglaubt wird.«

Paul Watzlawick

die erfindung einer superheldin

Bedingungslos, aufopfernd, selbstlos – das sind die Attribute einer guten Mutter. Eine Superheldin, die alles kann und die stets zur richtigen Zeit am richtigen Ort ist. Die immer ein Feuchttuch aus der Tasche zaubert, wenn es nötig ist, und tröstende Worte, wenn die Welt bedrohlich wackelt. Ein Mensch, der unerschöpflich liebt und für alle verfügbar ist. Jemand, der sein Leben lang Halt schenkt, aber auch irgendwann wieder großmütig loslässt, wenn es an der Zeit dafür ist. Eine Frau, die sich trotz der Widrigkeiten des Mutterseins nie selbst verliert und für alle immer der Fels in der Brandung bleibt. Warum? Weil sie schon als kleines Mädchen zur Mutter geboren wurde, mit einem Mutterinstinkt, der ihr Superkräfte verleiht.

Doch diese Superheldin gibt es nur im Märchen. Eine Geschichte, die historisch über viele Jahrhunderte aus patriarchalen Überzeugungen, aber auch aus fehlenden wissenschaftlichen Alternativen fortgeschrieben wurde. Bisher galten Frauen laut Forschung als prädestiniert für die Fürsorge. Sie waren mit mütterlichen Instinkten ausgestattet, die es ihnen ermöglichten, sich aufopferungsvoll um Kinder oder auch andere pflegebedürftige Angehörige zu kümmern. Dieser tief in uns verwurzelte Mythos ist das Ergebnis eines jahrhundertelangen Kanons unterschiedlichster Wissenschaftsfelder. Die Naturwissenschaft biologisierte schlussendlich die zugeschriebene Mutterrolle und fixierte damit ein Bild, dem sich keine feministische Gegenbewegung so recht entziehen konnte, ohne dabei die Naturwissenschaft zu leugnen. Ein Dilemma.

Wir, die Autorinnen dieses Buchs, sind Journalistinnen und Mütter von jeweils drei Kindern. Nachdem wir die ersten Erfahrungen mit dem Muttersein gemacht und in unserem Buch *Nachwehen* niedergeschrieben hatten, war für uns schnell klar, dass wir noch einen Schritt weiter gehen wollten. Denn trotz all des Wissens rund um das Mutterwerden, das wir bis dato gesammelt hatten, verzweifelten auch wir oft am omnipräsenten Bild der guten, instinktiv handelnden Mutter. Wir verstummten in Gesprächen bei der Arbeit, mit dem Partner oder unserer Elterngeneration, aber auch vor uns selbst, weil oft die Argumente fehlten, wenn am Ende doch wieder nur die Hormone als Antwort auf alle Fragen dienten. Jene »typisch weiblichen« Botenstoffe, die Frauen eine natürliche Kompetenz und bedingungslose Liebe verleihen. Da fällt es unter Umständen leichter, zu schweigen oder etwas verlegen zu nicken bei vermeintlichen Fakten, warum wir, von der Venus stammend und nicht vom Mars, zwar besser zuhören, aber schlechter einparken können. Aber wenn die Natur uns Frauen doch mit einem unumstößlichen Mutterinstinkt versorgt haben soll, warum erging es uns dann genauso wie unseren Männern? Wir konnten beobachten, wie sie – wie wir – voller Liebe waren und manchmal verzweifelten. Wie sie oft intuitiv wussten, was zu tun ist, und in anderen Situationen mit uns gemeinsam unfassbar ratlos waren. Aufgrund unserer eigenen Erfahrung mit Elternschaft war es uns unmöglich, an diesen alten Überzeugungen und geschlechtsstereotypen Zuschreibungen weiter festzuhalten.

Also begaben wir uns zunächst auf die Suche in der Vergangenheit und recherchierten, wer diesen Mutterinstinkt in die Welt gesetzt hatte. Im ersten Teil, wir nennen ihn **HIStory**, möchten wir den Leser*innen zeigen, dass dieser Mythos das Ergebnis männlicher Geschichten ist, die man sich über Jahrhunderte hinweg erzählte ohne hinreichende Berücksichtigung der weiblichen Perspektive. Um von so einem konstruierten Bild loslassen zu können, bedarf es allerdings Fakten, die sich mit unserer Lebensrealität decken. Wir wissen bereits so viel über all die körperlichen Veränderungen in der Mutterschaft. Der Bauch mit den Schwangerschaftsstreifen, der leidende Beckenboden, die Wassereinlagerungen. Das alles ist bekannt. Aber bislang hatten wir keine Ahnung, was in dieser Zeit für faszinierende Veränderungen im Gehirn der werdenden Mutter passieren. Und auch im Gehirn des Vaters oder anderer Fürsorgepersonen. Einige Hirnforscher*innen haben sich in den letzten Jahren mit dieser Entwicklung befasst und bahnbrechende Ergebnisse veröffentlicht. Also beschlossen wir, aufzubrechen zu einer Reise in uns bisher noch recht unbekannte Gefilde: die Neurowissenschaft, die Wissenschaft rund um das Gehirn.

Im zweiten Teil dieses Buchs, **HERstory**, holen wir Mutterschaft endlich aus dem wissenschaftlichen toten Winkel und präsentieren die neuesten Erkenntnisse über die Entwicklung des elterlichen Gehirns. Denn Mütterforschung ist Menschenforschung. Wir durften inspirierende Gespräche mit renommierten Neurowissenschaftlerinnen führen und fanden wissenschaftliche Erklärungen für die verschiedenen Gefühle, die mit Elternschaft einhergehen. Die größte Liebe und der größte Schmerz. Tiefe Begeisterung und pulsierende Langeweile. Verzweiflung und Glück. Verlust und Wiederfinden.

Wir haben einige Eltern begleitet, die in diesem Buch eine Stimme bekommen, haben mit ihnen mitgelitten und waren gemeinsam wütend auf das Patriarchat, das die Mutterrolle aus vermeintlichen Tatsachen konstruierte. Dieses Buch soll jedoch keine Streitschrift sein gegen Männer, denn auch sie sind die Leidtragenden in einem patriarchal geprägten System. Vielmehr ist es ein Manifest für eine gesunde Gesellschaft. Eine Gesellschaft, die Müttern den Superheldinnen-Umhang auszieht.

Mutterschaft ist die Schnittstelle zwischen Gesellschaft und Familie, da, wo die Belange der Öffentlichkeit auf das Private treffen. Hier muss also angesetzt, hinterfragt und verändert werden, damit alle profitieren. *Mythos Mutterinstinkt* soll die Fäden für eine Geschichte spinnen, die nicht mehr auf althergebrachten Überzeugungen beruht, sondern auf wissenschaftlichen Fakten. Und es liegt in unserer Hand, daraus etwas Neues zu weben. Hierzu möchten wir im letzten Teil dieses Buchs, **OURstory**, anregen und Impulse schenken, Elternschaft neu zu denken.

Das Buch zeigt eindrücklich, dass es weder *die* Frauen noch *die* Männer gibt, sondern dass Geschlechtsidentitäten vielfältig und immer eine Zuschreibung biologischer, historischer und kultureller Aspekte sind. Immer wieder sind wir auch über unsere eigenen Vorurteile und selbstzerstörerischen Glaubenssätze gestolpert. Denn wir sind alle ein Teil des Systems. Es ist nachvollziehbar, die Welt voreingenommen zu sehen, wenn sie uns so lange eindimensional gezeigt wurde. Falsch wäre es aber, sich diesen einseitigen Blickwinkel nicht immer wieder bewusst zu machen. Selbst bei der Analyse einer Vielzahl von Forschungsbeiträgen stießen wir immer wieder an eine unbeabsichtigte Färbung der Ergebnisse, etwa wenn manche Studien nur an Müttern und nicht anderen engen Bezugspersonen durchgeführt wurden. Darauf weisen wir an den betreffenden Stellen hin und bieten Raum für persönliche Reflexion.

Wir haben uns als Mütter an dieser Erfindung der Superheldin zum Teil selbst wundgeliebt. Wir haben uns verloren und uns mit dem Schreiben dieses Buchs ein Stück weit neu gefunden. Denn wir haben erkannt, dass wir es selbst in der Hand haben, die Inszenierung von Mutterschaft immer wieder zu hinterfragen. Wir sind ihr nicht ausgeliefert, sondern können sie neu gestalten. Das aber geht nur gemeinsam.

Teil 1

Mythos Mutterinstinkt

HIStory

HIStory

muttergefühl – die große liebe auf knopfdruck?

» Mir geht's gut. Wirklich.
Mama zu sein ist echt toll. «

Das sagt Judith zu uns, als wir sie sechs Wochen nach der Geburt ihres ersten Kindes besuchen dürfen. Sie sitzt uns gegenüber auf ihrem beigen Sofa, nach langem Schreien hat sich der kleine Wurm in ihren Armen nun endlich beruhigt und trinkt an ihrer Brust. Wir schauen Judith an, unser Herz spürt es längst, jetzt zeigen es auch ihre Tränen. Es sind keine Tränen des Glücks, das wissen wir alle. Judith beginnt zu zittern.

» Ich weiß nicht, was mit mir los ist. Ich versuche, alles richtig zu machen. Emil ist wundervoll. Aber ich fühle mich manchmal so unfähig. Sogar bei meinem Mann beruhigt er sich viel schneller als bei mir. Dabei bin ich doch seine Mama. Ich will ihn oft schon gar nicht mehr aus seinem Bettchen nehmen, wenn er schreit. Natürlich mache ich es trotzdem! «

Sie schaut uns erschrocken über sich selbst etwas zu eindringlich an. Dann bricht ihre Stimme, und sie fällt noch mehr in sich zusammen.

» **Manchmal will ich einfach nur weg sein. Ich habe mir das alles so anders vorgestellt … Ich liebe mein Kind, aber es fühlt sich gerade so an, als ob ich mein Leben verloren hätte. Dabei wollte ich das doch alles. Irgendetwas stimmt nicht mit mir, oder?** «

Sie streichelt Emil übers Köpfchen und schaut uns an. Ihre Worte hallen laut in diesem scheinbar friedlichen Moment des Stillens. Auf dem Sofa neben Judith türmen sich Kuscheltiere, Strampler und Grußkarten. »*Herzlichen Glückwunsch zur Geburt, wir freuen uns mit euch für euer großes Glück.*« Daneben eine Milchpumpe, eine geöffnete Tube Brustwarzen-Gel und zwei randvolle Tassen mit Tee. Kalt vermutlich. Die Situation in Judiths Wohnzimmer erdrückt uns förmlich. Auch wenn schon viele Jahre vergangen sind seit der Geburt unserer ersten Kinder, spüren wir sofort wieder diese Emotionen. Diesen stechenden Schmerz, eine nicht erklärbare Traurigkeit und das sich stets in den Vordergrund drängende Gefühl, nicht *richtig* zu sein. Nicht genug. Nicht genug zu wissen, nicht genug zu lieben und nicht genug zu schaffen.

Mit jedem Baby wird auch immer eine Mutter geboren. Wie oft haben wir diesen Satz schon gelesen und auch selbst geschrieben. Denn es ist wichtig zu verstehen, dass kleine Mädchen nicht schon zur Mutter bestimmt sind, nur weil sie über zwei X-Chromosomen verfügen. Erst Kinder machen Frauen zu Müttern. Allerdings ist diese Geburt einer Mutter ein Prozess über Jahre hinweg und benötigt weit mehr als neun Monate Schwangerschaft und ein paar Stunden Wehen. Mutterwerden ist die Entwicklung einer neuen Identität, die in der Schwangerschaft in Bewegung gesetzt wird und längst nicht mit dem Abnabeln des Säuglings abgeschlossen ist.

Bevor wir den Mutterinstinkt im zweiten Teil dieses Buches neurowissenschaftlich genauer auf den Prüfstand stellen, müssen wir uns zunächst fragen: Was bedeutet der Begriff eigentlich für uns? Schauen wir uns vorab das Wort »Instinkt« im Allgemeinen an. Im Duden existieren hierfür zwei Definitionen:

1. unbewusst gesteuerter, natürlicher Antrieb zu bestimmten Verhaltensweisen; ererbte Befähigung besonders der Tiere, in bestimmten Situationen in bestimmter, nicht bewusst gelenkter Weise zu reagieren, ein bestimmtes (besonders lebens- und arterhaltendes) Verhalten zu zeigen
2. sicheres Gefühl eines Menschen für etwas

Als Beispiel für Punkt 1 nennt der Duden direkt nach den tierischen Instinkten den Mutterinstinkt. Ein *natürlicher* Antrieb zu bestimmten Verhaltensweisen? Und warum steht da nichts über Väter und ihre Gefühle? Nichts über nicht-biologische Mütter und auch nichts über freiwillig oder unfreiwillig kinderlose Frauen?

Der Mutterinstinkt bedeutet laut Definition also in erster Linie etwas ganz *Natürliches,* etwas Ursprüngliches. In den letzten Jahren beobachten wir in der privilegierten Mittelschicht das immer stärker werdende Bedürfnis nach ebendieser »Natürlichkeit«. Wir kaufen stolz krumme Karotten, möchten unsere Babys immer öfter in weniger klinischem Ambiente gebären und greifen bei der Schminke beherzt auf Nude-Töne, um frisch und doch ungeschminkt auszusehen. Natürlichkeit scheint das Maß aller Dinge zu sein.[1] Und das Bild des natürlichen Mutterinstinkts nährt dieses gesellschaftliche Narrativ auf eindrucksvolle Art und Weise. Aber tut uns dieser Glaubenssatz wirklich gut? Unsere *natürliche* Welt, die wir uns wünschen, ist in Wahrheit nämlich eine ziemlich künstliche. Kaum ein Wald, in dem unsere Kinder mit ihren schönen Merinowolljacken spielen, ist natürlich gewachsen, viele Flüsse, in die sie Steine werfen, sind angelegt.[2] Und teure Produkte aus dem Bio-Laden fallen bei Stiftung Warentest aufgrund zu vieler künstlicher Zusatzstoffe durch. Wir schicken unseren Freunden tagtäglich zig Sprachnachrichten, anstelle sie in natura zu treffen. Anstatt in einer fremden Umgebung ortskundige Menschen nach dem Weg zu fragen, laufen wir mit gesenktem Blick auf das Smartphone durch die Straßen. In den Krankenhäusern wird jede fünfte Geburt eingeleitet, und wir blicken auf eine Kaiserschnittrate von über 30 Prozent. Bei den »natürlichen« Geburten werden Frauen dazu angehalten, in Rückenlage zu gebären, was kaum unnatürlicher und unphysiologischer sein könnte.[3] Und doch soll Mutterschaft die natürlichste Sache der Welt sein? Manchmal erweckt es den Eindruck, dass diese natürliche Mütterlichkeit für alle eine Art Trost spendet, Zuflucht bietet in Zeiten der Angst und Unsicherheit. Wer sollte sich nach den Kriegen um den Wiederaufbau und die traumatisierten Männer kümmern? Wer hatte sofort beruhigend zur Stelle zu sein, als die WHO 2020 eine weltweite Pandemie ausrief, und unterrichtete neben der Erwerbstätigkeit plötzlich den schulpflichtigen Nachwuchs? Wem oblag es, Ängste zu mildern, nach Bastelideen für die jüngeren Geschwister und irgendwann auch nach guten Therapeut*innen für sich selbst oder die eigenen Kinder zu googeln? Wer hat immer da zu sein, wenn die innere oder äußere Welt zusammenzubrechen droht? Es sind die Mütter.

Und warum ist das so? Weil Mütter – so lautet das noch immer bestehende gesellschaftliche Narrativ – instinktiv wissen, was zu tun ist, und obendrein bedingungslos lieben. Bis zum Jahr 2016 war im Duden noch die folgende Definition von Mutterliebe angeführt: »fürsorgliche, opferbereite Liebe einer Mutter zu ihrem Kind«. Dies wurde glücklicherweise vor ein paar Jahren an die Definition von Vaterliebe angepasst. Denn bei den Vätern stand schon seit jeher recht pragmatisch: »Liebe eines Vaters zu seinem Kind«.[4] Kein Wunder also, dass Frauen und auch Männer bislang immer davon ausgegangen sind, Mütter verfügten aufgrund ihres Geschlechtes über eine Art Mutter-Kompetenz und im Verlauf der Schwangerschaft, spätestens aber mit der Geburt ihres Kindes würde sich ein sicheres Gespür dafür einstellen, wie das Muttersein funktioniere. Und auch die versprochene Mutterliebe wäre dann allgegenwärtig. Wenn unsere Gesellschaft von Mutterinstinkt spricht, dann ist damit nicht nur ein lebens- und arterhaltendes Verhalten gemeint, was einen Instinkt laut Definition ja ausmacht. Sondern der Mutterinstinkt wird neben aufopfernder, nahezu heroischer Fürsorge auch mit grenzenloser Mutterliebe gleichgesetzt.

An diesem Punkt wird es jedoch gefährlich für Frauen, denn der Begriff »Mutterliebe« wird dabei schnell zum Kampfbegriff.[5] Diese »Ur-Liebe« einer Mutter zu ihrem Kind wird nicht nur mit Gefühlen aufgeladen, sondern auch mit zahlreichen Verbindlichkeiten.[6] Mit einem einzigen Lächeln des Kindes vergessen Mütter jeden Schmerz, jede schlaflose Nacht, jeden ungerechten Mental Load. So die gängige Erzählung. Die meisten Menschen wissen und fast alle Frauen spüren, dass es nicht so ist. Dennoch halten sich Idealisierungen wie diese hartnäckig in vielen Köpfen, und damit auch in unserem Sprachgebrauch. Wir wissen alle, dass es nicht die Liebe auf den ersten Blick ist, die uns Krisen überstehen, Durststrecken gehen und Verletzungen verzeihen lässt. Liebe in jeder erdenklichen Form muss sich immer entwickeln. Sie ist ein Gefühl, sie lässt sich nicht erzwingen, und wir können keine Bedingungen an sie stellen. In der Mutterliebe wird das allerdings gesellschaftlich getan. Die Frau wird von Natur aus mit einer instinktiven fürsorglichen Kompetenz sowie einer unerschöpflichen Quelle an aufopfernder Liebe ausgestattet – so das Credo. Wir glauben nicht nur an dieses Bild der »geborenen« Mutter, nein, wir leben in einer Umgebung, die dieser Vorstellung den Rang einer unumstößlichen Wahrheit verliehen hat. Die instinktiv mütterlich handelnde, hingebungsvolle, die gütige, die bedingungslos liebende Mutter. Stets fürsorglich und opferbereit. Ein Bild, das omnipräsent ist, das uns ganz selbstverständlich umgibt und uns in Werbung und Verfilmungen, in Büchern und Zeitschriften Tag für Tag entgegenlächelt.

Über dieses Mutterbild und die Urangst, keine gute Mutter zu sein, haben wir mit der Ethnologin und Journalistin Marie Zeisler gesprochen. Sie ist dreifache Mutter und Gründerin von *Little*Years, einem digitalen Magazin für Eltern, das monatlich tausende Leser*innen erreicht.

» Für mich war das Mutterwerden vor allem erstmal hart. Weil ich so tief verankerte Vorstellungen davon hatte, wie ich sein sollte. Aufopfernd, glücklich, gelassen, dabei aber stets um Harmonie bemüht. Mein Baby sollte immer an erster Stelle kommen.

Wie es mir ging, wie müde, verwirrt oder allein ich mich fühlte, spielte keine Rolle – auch in meiner eigenen Vorstellung von Mutterschaft nicht. Erst Jahre später habe ich verstanden, dass das, was wir unter dem Muttersein verstehen, eine soziale Konstruktion ist, die sich über Jahrhunderte etabliert hat und die wir alle verinnerlicht haben. Dieses Mutterbild zu erfüllen, ist unmöglich. «

Als wir zum ersten Mal Mama wurden, erging es uns wie Marie. Wir waren auf eine Art und Weise überwältigt und glücklich, aber gleichzeitig auch so unglücklich wie nie zuvor in unserem Leben. Wir empfanden ein wildes Potpourri der Gefühle und fühlten uns zu Beginn oft sehr allein. Allein in einer Welt, in der Frauen aufgrund ihres Geschlechts doch genau wissen mussten, was zu tun sei. Wir wussten es nicht. Wir wussten zu Beginn nicht, wie viel wir dem kleinen Bündel anziehen sollten, wann es schlafen sollte, ob es jetzt Hunger hatte oder nur ein Pups schief saß. Mit älteren Kindern erübrigen sich manche Fragen, weil die Antworten uns zum Teil lautstark entgegengebrüllt oder wegdiskutiert werden, je nach Alter des Sprösslings. Aber im Grunde genommen haben wir auch mit größeren Kindern, oft bei den Erstgeborenen, immer wieder diese Momente, in denen wir denken: *»Ich habe absolut keine Ahnung, was jetzt zu tun ist.«*

Neben dem fehlenden Wissen ließ unser Bild von Mutterschaft aber auch keinerlei Platz für ambivalente Emotionen. War es okay, nicht zu jeder Zeit bedingungslos zu lieben? Das alte Leben schmerzlich zu vermissen? Zeit für sich selbst einzufordern? Mutterschaft scheint aufgeladen mit einer Liebe, die zu jeder Zeit und unter allen Bedingungen verfügbar ist.

Ähnlich wie bei Mutter Natur sehen wir die Ressourcen als unerschöpflich an. Egal ob der Säugling uns den letzten Nerv raubt, weil er ausschließlich auf unserer Brust schläft, es sich dabei aber ziemlich schlecht essen, die Waschmaschine starten oder auf Toilette gehen lässt. Egal ob das Kleinkind in seiner ziemlich lauten Autonomiephase morgens um 6.30 Uhr liebevoll begleitet werden möchte, wir aber schon nach 30 Sekunden absolut keine Energiereserve mehr haben. Mutter schafft das schon.

Dieses Bild der bedingungslos liebenden Mutter lastet schwer auf allen Frauen. Auf Müttern, auf Frauen, denen Mutterschaft tragischerweise verwehrt bleibt, aber auch auf jenen, die sich bewusst gegen Mutterschaft entscheiden. Frauen ohne Kinder wird oft unterstellt, dass ihnen etwas fehlt. Wir haben Carmen, eine gute Freundin von uns, gefragt, wie sie sich als kinderlose Frau in unserer Gesellschaft fühlt.

»Ich habe mich nie bewusst gegen Kinder entschieden. Tatsächlich hat es sich einfach nicht ergeben und mit Anfang 40 ist dieses Thema für mich nun auch so langsam vom Tisch. Für mein Umfeld aber offenbar nicht, im Arbeitskontext merke ich das zum Beispiel. Wenn ich an einer Schulung teilnehme, finden am Anfang in der Regel kleine Vorstellungsrunden statt. Hier sagt natürlich jeder auch etwas Privates, und sehr häufig werden die eigenen Kinder genannt. Wenn ich diesbezüglich dann einfach nichts sage, meine ich bei anderen oft so ein Unbehagen zu spüren, was dann auch wiederum mich irritiert. Ich habe aber auch beobachtet, dass manche Frauen einen

ganz anderen Weg gehen. Sie schlagen sozusagen die Flucht nach vorn ein und offenbaren direkt bei der Vorstellung, dass sie keine Kinder haben. Auch in meiner Familie spüre ich immer wieder so eine unausgesprochene Erwartungshaltung. Allein der Begriff kinderlos steht ja auch schon irgendwie für etwas Defizitäres, oder? Und ja, manchmal habe ich tatsächlich das Gefühl, nicht vollständig zu sein, den falschen Werten nachzuhängen oder nicht erkannt zu haben, worauf es im Leben ankommt. Das macht mich dann aber ehrlich gesagt viel trauriger als die Tatsache, keine Kinder zu haben. «

Unsere Gesellschaft hat Weiblichkeit so sehr mit Mutterschaft verknüpft, dass es für viele zum einen absurd ist, keine Kinder zu wollen, aber auch genauso unvorstellbar, Kinder zu bekommen und nicht permanent beseelt und glücklich zu sein. Vielleicht sogar enttäuscht, traurig, verzweifelt und ohne Vorstellung, was genau das Kind jetzt eigentlich braucht. Aber von wem kommt dann der Gedanke, dass jede Frau aufgrund ihres Geschlechts einen Mutterinstinkt in sich trägt? Wir haben uns auf die Suche gemacht.

unser blick auf die welt ist männlich geprägt

Wir alle leben in einer androzentrisch geprägten Welt. Androzentrismus beschreibt eine Weltanschauung, in welcher der Mann (auf Griechisch *andrós*) im Zentrum steht. Wir bemerken das in kleinen und großen Momenten. Wenn Politiker (wir lassen das Sternchen hier weg – aus Gründen) es noch heute für unwichtig erachten, eine gendergerechte Sprache einzuführen, aber auch dann, wenn wir selbst in unseren Kalender schreiben: Nächsten Dienstag 8.30 Uhr Frauenarzt. Obwohl wir kognitiv durchaus in der Lage sind anzuerkennen, dass wir bei einer Gynäkologin in Behandlung sind. Wir merken es, wenn wir in Büros frieren, weil die empfohlene Temperatur für Büroräume in den 1960er-Jahren anhand des Stoffwechsels eines durchschnittlichen 40-jährigen Mannes von 70 Kilogramm Gewicht erstellt wurde – und damit um fünf Grad zu kalt für Frauen.[7] Wir sehen es an den Unfallstatistiken, die belegen, dass Autounfälle zwar eher von Männern verursacht werden, aber Frauen häufiger sterben oder schwerere Verletzungen davontragen. Denn die Sicherheit im Fahrzeug wird an einem männlichen Crash-Test-Dummy getestet. Er ist 1,75 Meter groß und 80 Kilo schwer. Wenn Automobilhersteller ihre Autos testen, wird (außer in Schweden) der männliche Dummy lediglich auf Frauen- oder Kindergröße heruntergerechnet, obwohl es seit 2010 bereits den weiblichen Crash-Test-Dummy E. V. A. gibt, bei dem auch »typisch weibliche Merkmale«, wie eine schwächere Nackenmuskulatur, die Existenz von Brüsten etc. berücksichtigt wurden. Auch in der Medizin hat der Androzentrismus gravierende Folgen. Eine großangelegte Studie aus den USA von 1998 mit fast 400 000 Patient*innen fand heraus, dass die Sterblichkeit von jungen Frauen bei einem Herzinfarkt mehr als doppelt so hoch ist wie bei altersgleichen Männern.[8] Warum? Weil ein Herzinfarkt bei Frauen viel seltener diagnostiziert oder auch schlichtweg nicht schnell genug behandelt wird. So denken wir beispiels-

»Der Mutterinstinkt wird neben aufopfernder, nahezu heroischer Fürsorge auch mit grenzenloser Mutterliebe gleichgesetzt.«

weise bis heute, dass diese lebensbedrohliche Erkrankung etwas »typisch Männliches« ist. Einem Mann fällt das Atmen schwer, sein Blick wird starr, vielleicht fasst er sich noch an die linke Brust. So haben es uns unzählige Filmmomente im Laufe unseres Lebens gelehrt. Frauen erleiden aber auch Herzinfarkte, sie haben oft nur andere Symptome, wie beispielsweise Übelkeit, Schwäche, Unwohlsein, Rücken- oder Nackenschmerzen sowie Schmerzen sogar eher im rechten Teil des Brustkorbs.[9] Und diese verzerrte Wirklichkeit betrifft weitere Bereiche der Medizin. US-Forscher*innen veröffentlichten im Dezember 2021 eine Studie, die aufzeigt, dass weibliche Patientinnen, die von einem männlichen Chirurgen behandelt wurden, ein deutlich erhöhtes Risiko für Komplikationen und sogar ein signifikant höheres Sterberisiko haben als bei einer Behandlung durch eine Ärztin. Dagegen scheint es bei männlichen Patienten irrelevant zu sein, ob sie von einem Arzt oder einer Ärztin behandelt werden.[10] Der Mechanismus dahinter ist derzeit noch nicht gänzlich geklärt. Die Forschenden gehen aber davon aus, dass männliche Ärzte die Beschwerden der Patientinnen häufiger als nicht so schwerwiegend einschätzen.[11] Was laut Wissenschaftler*innen daran liegt, dass Frauen ihre Symptome oft anders wahrnehmen und diese auch in einer anderen Sprache schildern, manchmal blumiger oder facettenreicher. Männliche Ärzte sind in einer androzentrischen Welt aber eher trainiert auf die Schlagworte, die sie von männlichen Patienten bekommen, nehmen die Probleme der Frauen also anders wahr.[12]

Hier gäbe es noch unzählige weitere Bespiele, die zeigen, wie Frauen in unserer Gesellschaft betrachtet werden. Der Mann ist die Norm, die Frau die Abweichung. Insofern ist nachvollziehbar, warum noch immer so viele Datenlücken in Bezug auf das Leben von Frauen inklusive Mutterschaft existieren.

Auch die Geschichte der Mutter beruht zu einem großen Teil nicht auf neutraler Wissenschaft, sondern auf den Überzeugungen Einzelner. Für die Dekonstruktion dieser gesellschaftlichen Überzeugungen müssen wir zunächst einen Blick in die Vergangenheit unserer westlichen Gesellschaft werfen, um zu verstehen, wo der Mutterinstinkt seinen Ursprung fand und warum wir nach wie vor an alten Erzählungen und an alten Bildern festhalten. Erst dann können wir die Geschichte über Mutterschaft neu schreiben.

Jede Epoche hatte ihre ganz eigene Version der »guten Mutter«. Die abendländische Variante vom Bild der angeborenen Mutterliebe hat uns allerdings seit Jahrhunderten fest im Griff. Fast jede Frau nimmt dieses Korsett mit ins Wochenbett und legt es manchmal ein Leben lang nicht mehr ab. Oder erst, wenn es an die eigene Tochter weitergereicht wird. Dieses Buch soll das Korsett wieder als das spürbar machen, was es ist. Ein Stück, das wir tragen, weil es uns aufgezwungen wurde. Mutterliebe ist zweifellos existent, und es gab sie schon seit jeher, aber nach einem kurzen Exkurs in die Geschichte werden wir verstehen, dass sie, gefangen in dem Konstrukt des Mutterinstinkts, zum kulturellen Imperativ wurde.[13] Von einem ganz persönlichen Gefühl zur gesellschaftlichen Pflicht. Es folgt eine Geschichte von Männern. Für Männer. Über Frauen. Das ist HIStory.

HIS

es war einmal die »gute mutter« – wie der mutterinstinkt erfunden wurde

Über Mutterschaft in der prähistorischen Phase der Menschheitsgeschichte wissen wir wenig. Die uns schon in der Schule vermittelte Rollenverteilung von männlichen Jägern und weiblichen Sammlerinnen ist in den letzten Jahren allerdings aufgrund neuer Entdeckungen in Steinzeitgräbern ordentlich ins Wanken geraten. Forschende gehen mittlerweile davon aus, dass 30 bis 50 Prozent der Großwildjäger Frauen gewesen sein könnten. Und nicht wenige von ihnen vermutlich Mütter.

Die erste historische Mutter, die wir alle vor Augen haben, ist die Mutter Gottes. Maria wurde im Laufe der Spätantike und dem Mittelalter zum weiblichen Ideal und schmückt noch heute viele Häuser und Einrichtungen. Sie verkörperte die perfekte Frau und Mutter. Einerseits ist es ihr auf überraschende Art und Weise geglückt, Mutterschaft mit Jungfräulichkeit zu verbinden, und andererseits murrte sie nicht im Geringsten, als der Vater ihres Kindes zurück in den Himmel fuhr.[11] Damit wurde ein ideell stark aufgeladenes Bild der frommen, liebenden Mutter geschaffen. Ganz so romantisch war die Realität in den Familien allerdings nicht. Denn die Lebensbedingungen im Mittelalter waren hart, viele Kinder verstarben zu jener Zeit, und Mütter konnten es sich in der Regel gar nicht leisten, sich hingebungsvoll um ihre Kinder zu kümmern, da die meisten Menschen – völlig ungeachtet des Geschlechts – bis weit ins 19. Jahrhundert hinein zum gemeinsamen Haushaltseinkommen beitragen mussten.[15] Frauen waren Händlerinnen, Handwerkerinnen, Ärztinnen oder Wirtinnen, ob mit oder ohne Ehemann an ihrer Seite. Für Frankfurt am Main existieren Aufzeichnungen von 1300 bis 1500 über das Geschlechterverhältnis in verschiedenen Berufen. 65 Berufe waren ausschließlich Frauensache, dazu zählte zum Beispiel das Bierbrauen.[16] Zuhause hatten Hausmutter und Hausvater das Sagen über alle im Haushalt lebenden Personen (Kinder, sonstige Verwandte, Knechte und Mägde). Wobei die Hausmutter in keiner Weise mit der heutigen Hausfrau verglichen werden kann. Denn zu jener Zeit war das Hausmutterdasein ein Beruf und Herrschaftsbegriff.[17] Hausmutter und Hausvater teilten sich die Verantwortung.[18] Damit gewann die Ehe im späten Mittelalter eine gesellschaftliche Bedeutung[19], wenngleich eher betriebswirtschaftlich als emotional. Dies änderte sich erst im Zuge der Industrialisierung, als die Erwerbsarbeit zunehmend nach außen verlagert wurde. Die Arbeit der Hausmutter, die bis dato einen produktiv beitragenden Teil zum Vermögen des Hauses darstellte, entwickelte sich damit zur unbezahlten und als selbstverständlich angesehenen Tätigkeit, also das, was später die bürgerliche Hausfrau übernehmen sollte.[20]

die erfindung des mutterinstinkts in der aufklärung

Im 18. Jahrhundert war man noch weit vom Bild der liebenden, fürsorglichen Mutter entfernt. Für sehr viele Menschen ging es vor allem ums Überleben. Männer und Frauen arbeiteten hart, und die, die es sich leisten konnten, gingen ihrem Vergnügen nach. In Frankreich war es zu jener Zeit üblich, dass Babys direkt nach der Geburt zu Ammen kamen, was mit einer hohen Säuglingssterblichkeit einherging. Einer zeitgenössischen Schätzung zufolge blieben von den 21 000 Kindern, die im Jahr 1780 in Paris geboren wurden, nur knapp 1000 bei ihren Müttern. Generell kümmerte dieser Zustand die Gesellschaft recht wenig, und von einem natürlichen Mutterinstinkt schien damals keine Rede zu sein. Irgendwann schlugen allerdings die Demografen Alarm und warnten vor der stetig sinkenden Bevölkerungszahl. Die Lösung für dieses Problem kam Ende des 18. Jahrhunderts in Gestalt des französischen Aufklärers Jean-Jacques Rousseau, der das Leben von Frauen und Kindern nachhaltig veränderte. Er vollbrachte tatsächlich eine Revolution in der Pädagogik, denn in seinen Augen waren Kinder etwas »Kostbares und Schützenswertes«[21]. Ein Mensch, der nicht mehr als Sünder auf die Welt kam, sondern von Natur aus gut war. Damit gilt er bis heute als Entdecker der Kindheit, was bahnbrechend war. Allerdings erwies er den Frauen damit einen Bärendienst: Er »rettete« die Nation, indem er sagte, der Mann wäre qua Geschlecht dazu geschaffen, die Welt zu erkunden, während die Frau zu ihrer mütterlichen Natur zurückkehren und ausschließlich für ihre Kinder da sein sollte, um sie zu guten Staatsbürgern zu machen. Denn die junge Generation sollte alle Menschen in eine bessere Zukunft führen.[22] Das Argument für die Minderwertigkeit der Frau war nun nicht mehr die Bibel, sondern die Natur. In seinem Erziehungsratgeber *Émile* (1762) schrieb Rousseau, dass allein die Mutter mit ihren Charaktereigenschaften wie »Geduld und Sanftmut« als Kümmerin infrage käme. Damit ging einher, dass Frauen neben der Fürsorge für die Kinder auch die Männer »[…] beraten, trösten und ihnen das Leben angenehm machen und versüßen« sollten.[23]

Rousseaus Schriften wurden in ganz Europa verbreitet und hatten einen enormen Einfluss auf die Entwicklung des Mutterbilds. Denn in seinem Werk ging es tatsächlich weniger um Kindererziehung als um die Erziehung der Frauen. Gute Mütter würden auch gute Staatsbürger gebären. Der Körper der Frau wurde damit zum Politikum,[24] und Schwangerschaft, Geburt und Kindererziehung lagen nun im Interesse des Staates.[25]

Rousseau hat seine Erziehungsratschläge allerdings nicht selbst in seiner Familie erprobt, sondern alle seine fünf Kinder kurz nach deren Geburt in ein Findelhaus gebracht – aus ökonomischen Gründen, wie er angab.

Die Aufklärer sprachen zwar von »Freiheit, Gleichheit und Brüderlichkeit«, es waren aber nicht alle Menschen damit gemeint. Genauer gesagt: Ein paar schienen etwas *weniger gleich* als andere zu sein. Dazu gehörten auch die Frauen. Sie waren ihren Ehemännern zu Gehorsam verpflichtet, durften nicht wählen, und auch ihre Berufswahl wurde durch einen beschränkten Zugang zu Universitäten und anderen Bildungseinrichtungen reglementiert. Begründet wurde dies mit ihrem kleineren Gehirn und damit, dass sie hormonell bedingt nicht so gut Politik machen könnten. Heute wissen wir, dass Männer tatsächlich ein im Durchschnitt größeres

Gehirn haben, sich darin aber auch größere, mit Flüssigkeit gefüllte Hohlräume befinden. Laut Daphna Joel, Neurowissenschaftlerin und Expertin im Bereich Gehirn, Geschlecht und Gender in Tel Aviv, kommen Männer mit ihren größeren Hohlräumen und Frauen mit ihren kleineren Gehirnen aber genau gleich gut zurecht.[26]

Wie sehr sich die gesellschaftliche Erwartungshaltung an die Mütter im Laufe der Jahre änderte, zeigt sich auch in den verschiedenen Auflagen des *Frauenzimmerlexikons*, der ersten deutschsprachigen, speziell an Frauen gerichteten Enzyklopädie. Während es in der ersten Ausgabe Anfang des 18. Jahrhunderts noch völlig normal war, dass Dienstboten sich um die Kindererziehung kümmern, so wird dieses Verhalten in der letzten Ausgabe von 1773 als »Ausdruck verfehlter und degenerierter Weiblichkeit« betitelt. Die Mütter selbst sollten sich jetzt kümmern. Der am strengsten verfolgte Punkt der Aufklärungskampagne hinsichtlich der Müttererziehung war das Thema Stillen. Muttermilch war für das Überleben der Kinder im ersten Lebensjahr von großer Bedeutung, da Ersatznahrung in jener Zeit schwierig herzustellen und auch nicht leicht zu verabreichen war.[27] Allerdings sollte dies nun in jedem Fall von der leiblichen Mutter geschehen und nicht von einer Amme. Stillen sei »ein unschuldiges und ganz ausnehmendes Vergnügen […] als auch einer der stärksten natürlichen Triebe«, so der Schriftsteller Christian Friedrich Germershausen in seinem Ratgeber *Die Hausmutter in allen ihren Geschäfften*[28]. Im preußischen *Allgemeinen Landrecht* von 1794 gab es sogar einen Paragrafen, der den Müttern vorschrieb, ihre Kinder selbst zu stillen. Und der Ehemann konnte bestimmen, wie lange.[29] Wenn sie sich trotz allem weigerten, behalf man sich mit grotesken Drohungen. Ärzte behaupteten, die Natur würde sich bei den Stillverweigerinnen rächen und sie körperlich bestrafen. Das Repertoire der Drohungen reichte von Nasenbluten über Bluthusten, hartnäckigen Durchfall bis hin zu Brustkrebs. »Manche seien wie vom Blitz getroffen dahingeschieden, ohne dass man ihnen noch hätte helfen können.«[30]

Einen grundlegenden Paradigmenwechsel hinsichtlich der Kindererziehung im deutschsprachigen Raum initiierte der Schweizer Pädagoge Heinrich Pestalozzi, dessen Grundideen und pädagogische Ansätze auch heute noch im Bildungsauftrag von Kindergärten und Schulen präsent sind. Pestalozzi war begeistert von Rousseaus Ideen und der Bedürfnisbefriedigung der Kinder in den ersten Lebensmonaten. Seiner Meinung nach liebt eine Mutter ihr Kind *immer* aufgrund ihres angeborenen Mutterinstinkts. Sie sei von Natur aus befähigt, die wichtigste Triebkraft in der Entwicklung des Kindes zu werden, da der Wunsch für sein Wohlergehen bereits in ihr sanftes und unerschrockenes Mutterherz eingepflanzt sei.[31]

Pestalozzi ging aber noch einen Schritt weiter. Denn Mütter waren fortan nicht mehr nur verantwortlich für die liebevolle Umsorgung des Kindes, sondern es lag nun auch ausschließlich an der Mutter, ob sich der Nachwuchs gut entwickelte oder nicht.[32] Von der Verantwortung, das kennen wir selbst aus unserem Alltag, ist es dann nur noch ein sehr kleiner Schritt bis hin zur Schuld.

Eines unserer Kinder brachte aus der Schule einmal eine selbst gebastelte Karte zum Muttertag mit. Ein Zitat von Pestalozzi schmückte das liebevolle Werk der Zweitklässlerin: *»Eine Mutter ist der einzige Mensch auf der Welt, der dich schon liebt, bevor er dich kennt.«* Die Siebenjährige fragte damals erstaunt, wie das denn eigentlich ginge. Wie könne man jemanden lieben, den man noch nie gesehen hat? Guter Punkt. Mit Sicherheit gibt es Mütter, die das empfinden. Doch viele andere brauchen Zeit und letztendlich auch das Baby, in das sie sich verlieben können.

Wie tiefgreifend diese Veränderung des Mutterbilds war, zeigt auch der Blick auf die Märchen, die bis heute erzählt werden. Während in den Erstfassungen der Gebrüder Grimm (1812/1815) die Mütter sowohl gute als auch böse Rollen übernahmen, änderte sich das in den späteren, überarbeiteten Auflagen. Nun waren es böse Stiefmütter, die ihre Schutzbefohlenen tyrannisierten (Aschenputtel), im Wald aussetzten (Hänsel und Gretel) oder aufgrund deren Schönheit töten wollten (Schneewittchen). Leibliche Mütterlichkeit wurde fortan ausschließlich mit Liebe verknüpft, was die Frau als Mutter auf den ersten Blick aufwertete. Dass dies für die Gesellschaft auch einen hohen kommerziellen Wert hatte, verschwieg man(n) natürlich. Denn die verrückte Suggestion, dass man einen anderen Menschen zu jedem Zeitpunkt intensiv lieben würde, verpflichtet Frauen zu permanenter mütterlicher Verfügbarkeit.[33] Wer Mutter ist, liebt. Und wer liebt, opfert sich auf. Das kann für eine Gesellschaft äußerst praktisch sein, auch heute noch.

die zementierung des mutterinstinkts durch die evolutionstheorie

Charles Darwins veröffentlichte 1859 sein Werk *Über die Entstehung der Arten*, die naturwissenschaftliche Erklärung dafür, dass sich die Natur allmählich entwickelt hatte und nicht von

Gott auf einen Schlag erschaffen worden war. Allerdings versuchte er nicht wirklich, die biblische Vorstellung von Frauen als minderwertigen Geschöpfen zu widerlegen, sondern verlagerte den Schwerpunkt, nun auch naturwissenschaftlich »bewiesen«, vom Glauben auf die Biologie.[34] Denn auch er ging davon aus, dass Männer den Frauen überlegen seien, was in seinen Augen am starken mütterlichen Instinkt läge. Frauen seien aufgrund ihres Geschlechts spezialisiert darauf, für andere Menschen zu sorgen, während Männer dominant und expansiv seien.[35] Dank Darwin und seinen Thesen musste diese männliche Überlegenheit künftig gar nicht mehr infrage gestellt werden, da laut seiner Theorie der partiellen Vererbung der Vater (was für ein Glück!) Erbmateriallieferant für den Sohn sei, die Mutter (was für ein Pech!) für die Tochter.[36] Diese Vorstellung erwies sich als sehr clever und nachhaltig. Sich von der Biologie loszulösen, war ab diesem Zeitpunkt nahezu unmöglich. Auch heute dient der Verweis auf die unterschiedliche Natur von Frau und Mann noch immer als die mächtigste Erklärung für geschlechterbasierte Rollenverteilung.[37] Damit zementierte die Evolutionstheorie den angeborenen Mutterinstinkt bis heute.

die mutter als hauptverantwortliche für das kindeswohl

Knapp 150 Jahre nach den Schriften Rousseaus entwickelte der österreichische Arzt Sigmund Freud die Psychoanalyse und machte die Mutter damit zur zentralen Persönlichkeit der Familie. Sie war laut Freud nun auch aus medizinisch-wissen-

»Der Mythos vom Mutterinstinkt ist das Ergebnis männlicher Geschichten.«

schaftlicher Sicht die Hauptverantwortliche für das Glück und Unglück ihrer Kinder. Was jetzt nach Aufwertung klingen könnte, nach warmem Apfelkuchen und strahlenden Kinderaugen am liebevoll gedeckten Familientisch, war in Wahrheit eine Einbahnstraße. Die Frau fand sich in der Mutterrolle eingesperrt wieder. Der Weg in die Berufstätigkeit wurde moralisch verbarrikadiert. Frauen, die keine Kinder haben wollten oder bekommen konnten, wurden stigmatisiert, ihnen wurde Verachtung oder Mitleid entgegengebracht.[38] Die Mutter galt stets als Verursacherin, wenn sich Kinder oder Familie nicht optimal entwickelten. Selbst wenn der Mann seine Aufgabe als Vater nicht wahrnahm, lag das daran, dass die Mutter schlecht und nachlässig war.[39] Von Freuds Entdeckung des Unbewussten, welches sich in frühester Kindheit entwickle, war es nur noch ein kleiner Schritt, die Mutter für »psychische Störungen« des Kindes oder Heranwachsenden zur Verantwortung zu ziehen. Das zieht sich im Übrigen bis heute durch.

Freuds Theorien und Lehren wurden im letzten Jahrhundert vielfach kritisiert. Der französische Philosoph Michel Onfray schrieb sogar einen Bestseller über ihn, in dem er Freuds Arbeiten auf 544 Seiten analysiert und ihn buchstäblich von der Couch herunterholt: Der Tiefenpsychologe hätte seine Ergebnisse gefälscht, Patienten erfunden und Heilungen angegeben, wo er bloß Schaden angerichtet habe.[40]

feministischer gegenwind

Immer wieder regte sich Widerstand gegen die Rollen, die Frauen und Müttern zugewiesen wurden. Leta Hollingworth, eine amerikanische Psychologin und Pädagogin, schrieb 1916 an ihre männlichen Kollegen, dass Frauen zu ihrer Begeisterung, sich mütterlichen Pflichten zu widmen, gezwungen werden. Und zwar auf dieselbe Art und Weise, wie die Soldaten gezwungen sind, in den Krieg zu ziehen. Sie bezeichnete den Mutterinstinkt als ein Instrument zur Kontrolle des weiblichen Denkens und Handelns. Die Monotonie der Mutterschaft würde stets unter den Tisch gekehrt, während die schönen Dinge und die Freuden bei jeder Gelegenheit gefeiert würden.[11] Das kommt uns irgendwie bekannt vor. Und es ist kaum zu glauben, dass schon vor mehr als einhundert Jahren ein so realistisches Mutterbild existierte. Als ob der Weg längst klar war, die Frauen aber vehement daran gehindert wurden, ihn zu gehen.

Die US-amerikanische Feministin und Autorin Adrienne Rich schrieb 1986, dass Frauen gerade aufgrund ihrer gesellschaftlichen Machtlosigkeit die Mutterschaft immer wieder genutzt haben, um im Privaten selbst Macht ausüben zu können.[12] Viele Frauen halten also fest an dem Bild der idealen, instinktiv handelnden Mutter, nehmen die ihnen vom Patriarchat zugeteilte Rolle an und übererfüllen sie mitunter sogar, um wenigstens zu Hause die »Chefin« zu sein. Auch heute noch begegnen uns Sätze wie »Hinter jedem starken Mann steht eine starke Frau«. Das mag auf den ersten Blick nach Macht und gesellschaftlicher Wirksamkeit klingen, in Wahrheit fixiert es aber nur die Zuschreibung der sozialen Rollen. Dieses von Rich beschriebene Phänomen, bewusst an dem tradierten Mutterbild festzuhalten, kann man – noch einmal rückblickend – auch im Nationalsozialismus erkennen, als viele Frauen die (höchst zweifelhafte) Aufwertung von Mutterschaft begrüßten. 1933 ernannten die Nazis den Muttertag zum gesetzlichen Feiertag für ihre ideologische Propaganda. Hinter der gesellschaftlichen Idealisierung von Mutterschaft stand aber eigentlich nur ein einziges Ziel: die Geburtenrate zu erhöhen.[13] Mit dem Mutterkreuz, erhältlich in Bronze, Silber oder Gold, verlieh man ab 1938 jenen Müttern eine ganz besondere Ehre, die viele Kinder (zukünftige Soldaten) gebaren. Weil am Arbeitsmarkt kriegsbedingt die Männer fehlten, sollten die Frauen aber dennoch auch in die Fabriken, ihre Kinder durften sie nachts getrost schreien lassen, das kräftige die Lungen.[14] Glücklicherweise haben Kinder im Laufe der Zeit einen neuen Stellenwert in der Gesellschaft erhalten. Maßgeblich daran beteiligt waren die Bindungstheoretiker, die Kindheit als die wichtigste und prägendste Phase im Leben erklärt haben.[15]

mütter in der bindungsfalle

So wichtig der Fokus auf das Kind ist: Mit ihm geht unweigerlich ein stark aufgeladenes Mutterbild einher. Donald Winnicott, englischer Kinderarzt und Psychoanalytiker des 20. Jahrhunderts, war Wegbereiter der Kinderpsychotherapie und sah Babys als Teil einer Beziehung und stets angewiesen auf bedingungslose Fürsorge.[16] Etwas, das wir wohl alle so unterschreiben würden. Aber auch er nahm nur die Mütter in die Verantwortung. Unter dem Begriff der »Primären Mütterlichkeit« beschreibt er einen Zustand, in dem die Mutter ihre eigenen Bedürfnisse weitgehend zurückstellt und fähig ist, sich unter Ausschluss ihrer eigenen Interessen liebevoll um das Kind zu kümmern. *Nur sie* beherrsche es, sich in ihr Kind hineinzuversetzen. Sollte ihr das nicht gelingen, so Winnicott, hätte dies drastische Folgen und könne beispielsweise die Ursache für Autismus sein.[17] Mütter sollten aber nicht nur genau wissen, was sie tun, Winnicott ermahnte sie auch, ihr Leben mit Kind zu genießen. Für eine gute Mutter-Kind-Beziehung sei es unentbehrlich, dass die Mutter Vergnügen im Muttersein fände.[18] Kurz gesagt: »Unser Alltag ist ihre Kindheit.« Ein Satz, der sich für viele Mütter so anfühlt, wie nachts ungebremst auf einen Legostein zu treten. Es geht mittlerweile nicht mehr darum, Kinder zu bekommen und eine Strecke des gemeinsamen Lebenswegs mit ihnen zu bestreiten, sondern auch darum, dabei möglichst glücklich zu sein. Eine glückliche Mutter ist eine Mutter von glücklichen Kindern. Wobei die Kinder hier zu einer Art moralischen Instanz erhoben werden.[19] Auch die sozialen Medien mit ihren Bildern vom strahlenden Nachwuchs auf mehlbestäubten Küchenarbeitsplatten oder beim Kastanienmännchenbasteln erschaffen eine völlig unrealistische Parallelwelt, die selbst durch ehrliche Texte darunter ihre Wirkung nicht verfehlen und sich in unser kollektives Gedächtnis einprägen.

Die Bewegung des Attachment Parenting, das der amerikanische Kinderarzt William Sears gemeinsam mit seiner Frau Martha in den 1980er-Jahren entwickelte, ergänzte die Agenda der Mütter noch um einen weiteren Punkt. Im Attachment Parenting geht es vor allen Dingen darum, das Baby durch Berührungen zu nähren und eine Bindung aufzubauen, die es ermöglicht, die Bedürfnisse des Kindes zu entschlüsseln und zu befriedigen.[50] So wertvoll und notwendig dieser einfühlsame Blick auf Kinder auch war, so fatal war auch hier die Berufung auf den mütterlichen Instinkt. Es sei ein Erziehungsstil, der die natürlichen, bindungsfördernden Verhaltensweisen eines Säuglings mit den intuitiven, biologisch fürsorglichen Qualitäten der Mutter zusammenbringe. Sears selbst schreibt auf seiner Website, dass Attachment Parenting als Ansatz zu sehen sei und nicht als fixes Regelwerk. Im Gegensatz zu seinen ersten Veröffentlichungen beschreibt er hier zwar auch die Rolle der Väter. Allerdings sieht er diese auch heute noch ganz klar als »engagierte Helfer«, die viel beitragen können, vor allem, indem sie ihre Frauen lieben und unterstützen.[51]

Über die Jahrhunderte hinweg entstand ein Anforderungsprofil an Mütter, das Frauen noch heute vergebens zu erfüllen versuchen. Mal gab die Kirche den Ton an, mal die Aufklärer, die Philosophen, die Evolutionstheoretiker oder Ärzte und Therapeuten. Aber es waren allesamt Männer, die dieses Mutterbild gezeichnet und die Rechtfertigung für ihr Konstrukt immer wieder im angeblich natürlichen Mutterinstinkt gesucht haben.

Im Hier und Jetzt entspricht das Ideal einer Mutter dem Bild einer Superheldin ohne Umhang, einer Frau, die alles zu leisten scheint. Die »Do-it-all-mother«[52] hat glückliche Kinder, einen erfüllenden Job, eine schöne Wohnung, ein Abo im Fitnessstudio, eine harmonische Partnerschaft, genügend Me-Time und ein hübsches Äußeres. Die Mutter ist die Verkörperung patriarchaler Ideale und Überzeugungen, die sich im Laufe der Jahrhunderte entwickelt haben. Dass diesem Anforderungsprofil niemand gerecht werden kann, ist vermutlich jedem klar. Nicht einmal Beyoncé, die 2017 als »modern Mary« zur Königin von Social Media wurde. Ihr Post zur Geburt ihrer Zwillinge, bei dem sie sich selbst mit Schleier und Blumenkranz als eine Art jungfräuliche Maria inszenierte, bekam innerhalb von drei Stunden drei Millionen Likes. Mütter sind aber keine Heilige. Immer dann, wenn wir als Gesellschaft Mütter idealisieren, ist darin auch schon das Scheitern und die Schuld mitinbegriffen.[53] Gut oder schlecht. Helikopter-Mama oder Rabenmutter. Die menschliche Fantasie neigt schnell dazu, die Welt in Schwarz und Weiß zu teilen.[54] Damit ist die Mutter entweder Superheldin oder Komplettversagerin. Was für eine Last!

die grenzen der humanwissenschaft

Während sich der Mann im Laufe seiner Geschichte von der Reduktion auf seinen Körper lösen durfte, sich also in Richtung Vernunft und Individualität emanzipieren konnte, wurde von den Natur- und Geisteswissenschaften immer wieder »nachgewiesen«, inwiefern Frauen sich von Männern unterscheiden. Ihre kleineren Gehirne und der angeborene Mutterinstinkt verweisen sie umstandslos ins Reich der Natur, während der Mann Geschichte schreibt.[55] Dieses Credo war jahrhundertelang das gesellschaftliche Narrativ. Frauenbewegungen, die gegen diese Spaltung aufbegehrten, gab es immer wieder. Allerdings konnten auch die Feministinnen stets nur eine Rolle in einem männlichen Schauspiel übernehmen. Selbst die französische Schriftstellerin und Feministin Simone de Beauvoir nahm eine patriarchale Perspektive auf Mutterschaft ein und reproduzierte diese auch in ihren Publikationen. In ihren Theorien idealisiert sie die Freiheit so, wie sie von Männern verstanden wurde. Für Mutter- oder Elternschaft und die damit einhergehende Bindung und Verantwortung hatte sie nur wenig Verständnis.[56] Da die Wissenschaft so offenkundig die von den Frauen gelebten Erfahrungen missachtete, indem sie erklärte, dass sie mit einer instinktiven Veranlagung zur Mutterschaft und einem unerschöpflichen Quell an Mutterliebe geboren würden, hatten die Feministinnen der damaligen Zeit keine andere Wahl, als die biologischen Grundlagen von Mutterschaft zu verneinen und stattdessen durch eine neue, sogenannte Milieutheorie zu ersetzen. Diese besagt, dass die Gefühle, die eine Mutter gegenüber ihrem Baby empfindet, ausschließlich durch ihr kulturelles Umfeld bestimmt werden.[57]

Dadurch entstand ein Entscheidungskonflikt, der bis heute spürbar ist: Natur oder Umwelt? Entweder-oder? Wir drehen uns im Kreis, wenn wir beim Thema Mutterschaft/Elternschaft versuchen, hier eine Entscheidung zu fällen. Und es ist aus heutiger Sicht wirklich erstaunlich, wie lange an dieser völlig unplausiblen Zweiteilung festgehalten wurde.

Noch im 20. Jahrhundert wurde Mütterverhalten erforscht, indem man Tiermütter mit ihren Jungen in Einzelkäfigen isolierte. Unter Beobachtung stand also nur die Mutter-Kind-Einheit. Die Tiere wurden regelmäßig gefüttert, was zur Folge hatte, dass die Mütter keine Ressourcen (Nahrung) vor anderen Gruppenmitgliedern verteidigen mussten. Es konnten auch keine Verhaltensweisen bei ihnen beobachtet werden, die beispielsweise mit dem Streben nach sozialem Status innerhalb einer Gruppe in Verbindung standen. All dies wurde im Vorfeld bereits ausgeschlossen, was eine völlig falsche und konstruierte Realität darstellte.[58] Mittlerweile wird zum Glück umfassender geforscht. Und die Grundannahmen des Feminismus, dass alle Geschlechter gleichwertig sind, daher auch gleichberechtigt sein sollten, ist klarer Bestandteil des gesellschaftlichen Diskurses. Doch auch heute noch stoßen wir an Grenzen. Viel zu oft wird argumentiert, es sei wissenschaftlich belegt, dass es Frauen dank ihrer mütterlichen Instinkte leichterfalle, sich um ihre Kinder oder pflegebedürftige Angehörige zu kümmern. Wie sollen Gegenbewegungen dagegen ankommen, wenn die Forschung doch offenbar alles »beweist«?

Die Antwort ist erfrischend, denn sie steht ebenfalls auf der Seite der Empirie. Die Neurowissenschaft ist das fehlende Puzzleteil, das den Feminismus zu einem wissenschaftlichen Thema macht. Dank großartiger Hirnforscherinnen können wir die Geschichte über Mutterschaft, die in Wahrheit eine über Elternschaft ist, jetzt neu erzählen. Nach HIStory folgt HERstory. Und das Wunderbare daran ist, dass hier niemand mehr ausgeschlossen wird.

Teil 2

Die Hirnforschung zum Thema Mutterinstinkt

HERstory

HERstory

die muttertät – mütter sind wir nicht. mütter werden wir.

» Ich wusste es nicht. Ich wusste einfach nicht, wie oft ich meine Tochter wickeln muss. Warum sie schreit, obwohl sie doch satt sein müsste. Ob man bei Schnupfen schon zur Ärztin sollte oder ob das Fieber nur vom Zahnen kommt. Vielleicht steckt ja auch was Schlimmes dahinter? Ich wusste nicht, wie viel ich stillen soll. Oder darf. Ich wusste nicht, wie sie richtig in der Trage sitzt und warum sie den Kinderwagen ablehnt. Ich wusste nicht, ob es noch normal ist, wie oft sie weint. Ich hatte wirklich keine Ahnung. Ich musste alles erst lernen. Obwohl ich eine Frau bin. Jeder um mich herum erwartete, dass ich – als Mutter – alles von Natur aus können musste. Aller Blick war scharf auf mich gerichtet. Ich habe lange Zeit gebraucht, um zu verstehen, dass dieses fehlende Wissen nicht mein Fehler war. Es ist ein Systemfehler. Eine Geschichte des Patriarchats. Wir müssen Elternschaft erst lernen. «

Wiebke Schenter, @piepmadame

Die Blicke, die Wiebke Schenter, feministische Aktivistin in den sozialen Medien und Mutter von zwei Kindern, auf sich gerichtet spürt, sind die Blicke einer fordernden und regulierenden Gesellschaft. Dabei war Mutterverhalten schon immer höchst variabel. Während die einen ihre Babys direkt nach der Geburt an Ammen oder Findelhäuser gaben und sich herzlich wenig um ihren Nachwuchs scherten, gab es immer schon jene, die mit ihren Kindern emotional sehr verbunden waren. Es gab Mütter, die ihr Baby umbrachten, weil es das falsche Geschlecht hatte, genauso wie es Mütter gab, die ihr Leben für ihr Kind ließen. Und trotz dieser Tatsachen war Mutterschaft in einem gesellschaftlichen Narrativ gefan gen. Die Frau sollte gebären, sich aufopfern und idealerweise auch bedingungslos lieben. Außerdem sollte sie akzeptieren, dass sie dem Mann wegen ihrer Biologie intellektuell unterlegen war. Aufgrund der Kluft zwischen männlicher Grundlagenforschung, die klar abgesteckt hatte, was für eine Frau »natürlich« war und was nicht, und der tatsächlich erlebten Erfahrung begehrten Frauen lautstark auf, stießen aber letztendlich immer wieder an die Grenze des naturwissenschaftlich »bewiesenen« Mutterinstinkts. Diese Grenze können wir mit der modernen Hirnforschung nun überschreiten.

der wissenschaftliche blick auf mutterschaft

Frauen werden nicht mit dem Ausbleiben der Periode oder einem positiven Schwangerschaftstest zu Müttern, die genau wissen, was sie tun müssen. Auch nicht am Entbindungstag mit Durchtrennen der Nabelschnur oder wenn sie mit einem kleinen Bündel Mensch und einem viel zu großen Maxi Cosi in einem Zuhause ankommen, das plötzlich so fremd erscheint. Vielleicht lieben manche ihr Baby von der ersten Minute an, bei vielen braucht dies ein wenig Zeit. Mutterwerden ist eine Entwicklung über Jahre hinweg. Es dauert nicht nur neun Monate und schon gar nicht die zwölf Stunden des Wehenveratmens im Kreißsaal.

Dieser Wandel, den Frauen spüren, wenn sie Mutter werden, ist real. Nun mag es für die meisten keine überraschende Information sein, dass eine Schwangerschaft Frauen verändert. Auch Jahre danach erzählt der Körper noch davon. Rein optisch betrachtet, aber auch physisch spürbar. Wenn Mütter beispielsweise dem Kind zuliebe doch einmal auf das Trampolin klettern und zu hüpfen beginnen – spätestens dann dürfte den meisten Frauen bekannt sein, wo genau sich der Beckenboden befindet. All dies sind keine Neuigkeiten. Von Neurowissenschaftlerinnen allerdings zu hören, dass eine Schwangerschaft nicht nur brustabwärts signifikante und bleibende Spuren hinterlässt, sondern – ähnlich wie in der Pubertät – auch in unserem Hirn, hat uns verblüfft.

Aber ganz von vorn. Am Ende unserer Recherche für unser erstes Buch im Jahr 2020 schlug uns der Algorithmus auf Pinterest ein Wort vor: Matrescence, zu Deutsch Matreszenz. Was in etwa so viel heißt wie »das Erwachen einer Mutter« und somit die Übergangsphase meint, die eine Frau durchläuft, wenn sie Mutter wird. Geprägt wurde dieser Begriff bereits in den 1970er-Jahren in den USA von der medizinischen Anthropologin und Doula Dana Raphael. Raphael sah das Mutterwerden als enorme Entwicklungsphase, die mit physischen, psychologischen und emotionalen Veränderungen einhergeht. Das Ganze sei ein Prozess, und diese mitunter kritische Übergangsphase müsse unbedingt weiter untersucht werden. Raphael betrachtete schon die Sprache, mit der die Geburt eines Kindes angekündigt wurde, als entscheidend. Während in eher wenigen Kulturkreisen von »a woman has given birth« (eine Frau hat ein Kind geboren) gesprochen wird, so hieße es in der westlichen Welt »a child is born« (ein Kind ist geboren).[1] Im Fokus steht bei uns – auch sprachlich betrachtet – immer das Baby.

Raphaels Idee, die Mutter in den Mittelpunkt zu rücken, wurde damals jedoch noch nicht wirklich populär. Zu jener Zeit konzentrierte sich die Forschung lediglich auf Mütter, wenn es darum ging, ihre Reaktionen auf Signale des Kindes zu evaluieren, nicht aber um die Auswirkungen der Mutterschaft auf die Mütter selbst.[2] So ist es auch kein Wunder, dass Dana Raphael noch einige Müttergenerationen warten musste, bis ihr Ansatz weiterverfolgt wurde. Es brauchte neugierige Frauen, die sich auch wissenschaftlich mit dem Thema Mutterschaft auseinandersetzen wollten. Und diese Forschungen dann auch finanziert bekamen.

mutterschaft ist eine entwicklungsphase ohne glücksgarantie

Dr. Aurélie Athan, Psychologin und Professorin an der Columbia University New York, ist eine von ihnen. In ihren Augen ist die Mütterforschung seit jeher voreingenommen, was sie jedes Semester auch an ihren Studierenden testet. Athan bittet sie direkt zu Beginn, völlig frei zu erzählen, was sie mit dem Begriff »postpartal« assoziieren. In der Regel führt dies direkt zum Wort »Depression«.[3] Die Professorin setzt sich seit längerem dafür ein, den Übergang zur Mutterschaft ganzheitlich zu betrachten. Sie wandte Dana Raphaels Konzept der Matreszenz auf die Psychologie an, um das Denkmuster, das wir in Sachen Mutterschaft verinnerlicht haben, zu verändern. 2008 erlebte der Begriff Matreszenz dank ihrer Publikationen und ihrer Lehrtätigkeit ein beachtliches Revival.

Nur wenig später griff auch Dr. Alexandra Sacks, Psychiaterin am Psychoanalytischen Zentrum für Ausbildung und Forschung der Columbia University, das Konzept der Matreszenz auf und erzeugte mediale Aufmerksamkeit. In ihren *New York Times*-Artikeln, ihren Podcasts und TED-Talks erzählt sie von ihrer Arbeit als Psychiaterin mit schwangeren Frauen und neugeborenen Müttern. Es sei immer dasselbe Muster. Frauen, die gerade erst Mama geworden waren, riefen sie an und erzählten, dass sie das Gefühl hätten, keine gute Mutter zu sein. Dass sie nicht glücklich wären, es nicht genießen würden, ein Kind zu haben, und dass wohl irgendetwas mit ihnen nicht richtig sei. Sie fragten Alexandra Sacks, ob sie unter einer postpartalen Depression litten. Sacks schaute sich die Symptome der Frauen an, und ihr war völlig klar, dass dies nicht die treffende Diagnose sein konnte. Daher stellte die Psychiaterin den Müttern folgende Frage: »Was haben Sie erwartet, wie Sie sich fühlen würden?« Wenig überraschend waren Sacks' Klientinnen davon ausgegangen, dass ihre Mutterschaft sie glücklich machen würde. Dass sie sich auf eine neue Art vollkommen fühlen würden und dass ihnen ihr Mutterinstinkt schon sagen würde, was in der neuen Lebenssituation zu tun sei.

»Mutterschaft ist eine Entwicklungsphase ohne Glücksgarantie.«

Alexandra Sacks wusste zunächst nicht, wie sie diesen Frauen helfen konnte, denn sie zu beschwichtigen und ihnen zu versichern, sie wären nicht krank, ließ sie sich nicht besser fühlen. Daher suchte Sacks nach einem Weg, diese Entwicklung einer Frau mit all ihren Ausprägungen gesellschaftlich zu normalisieren. Sie recherchierte jahrelang, fand aber keinerlei Ansätze in medizinischen Fachbüchern. Ärzt*innen schreiben über Pathologien. Der Übergang einer Frau zur Mutter ist aber keine Krankheit.[4] Daher publizierte sie immer wieder zum Thema Matreszenz und ermutigte die Frauen, nicht nur mit Psycholog*innen, sondern auch mit anderen Müttern darüber zu sprechen, um diese Entwicklung gesellschaftlich zu etablieren und zu normalisieren.

Sowohl Alexandra Sacks als auch Aurélie Athan gingen in ihren Publikationen aber noch einen Schritt weiter und verglichen die Matreszenz mit der Adoleszenz.[5] Was definitiv mehr als ein schönes Wortspiel ist, denn Mutter zu werden ist tatsächlich so, als ob Frauen nochmals die Pubertät durchliefen. Den meisten von uns ist es wohl noch aus der Teenager-Zeit in Erinnerung, als die Welt, wie wir sie kannten, aus den Fugen geriet. Plötzlich war einem das Spiegelbild fremd, und ein völlig neues Gefühlsspektrum eröffnete sich. Wir wagen an dieser Stelle zu behaupten, dass sich auch der Beginn der Mutterschaft für viele Frauen wie ein Blindflug anfühlt, in etwa so, als ob sie jegliche Kontrolle verloren hätten. Was diese Gefühle noch verstärkt, ist das fehlende gesellschaftliche Wissen rund um das Mutterwerden. Glücklicherweise haben sich ein paar Wissenschaftlerinnen in den letzten Jahren intensiv mit Mutterschaft und Matreszenz beschäftigt und daraus ein neues Forschungsgebiet entwickelt.

Allen voran Dana Raphael als Wissenschaftlerin der Anthropologie, der Wissenschaft vom Menschen.

worte schaffen welten

Aber wer hat sich bisher jemals mit Matreszenz befasst? Vermutlich die wenigsten, das Wort hat sich im Deutschen nicht durchgesetzt. Wie können wir also diese so wichtige Phase in unseren Sprachgebrauch aufnehmen? Dieser Frage haben sich die »Schwesterherzen Doulas« Natalia Lamotte und Sarah Galan aus München angenommen. Sie begleiten Frauen in der Schwangerschaft, während der Geburt und auch noch weit darüber hinaus. 2020 haben sie ein Wort kreiert, das seither nicht mehr aus unserem Sprachgebrauch wegzudenken ist und medial bereits große Aufmerksamkeit erlangt hat: die *Muttertät*. Muttertät wie Pubertät. Es meint den Zustand, in dem wir uns mit Beginn der Schwangerschaft befinden und der über mehrere Jahre andauern kann. Diesen Begriff halten wir deshalb für so wichtig, weil wir intuitiv einen Bezug zu Pubertät oder vielleicht auch Identität knüpfen.

In ihrer Tätigkeit als Doulas begleiten Natalia Lamotte und Sarah Galan die Frauen zum Teil noch lange nach der Geburt ihrer Kinder. Daher wissen sie um all die Veränderungen, die damit einhergehen. Nicht selten sprechen sie noch Jahre später mit ihren Klientinnen und sind Zeuginnen ihrer beeindruckenden Entwicklung. Mit allen Hochs und allen Tiefs. In den inspirierenden Gesprächen mit den beiden Doulas wurde uns schnell klar, dass es sich hier um eine Herzensangelegenheit handelt. Denn dem mitunter Jahre andauernden Wandel einer Frau zur Mutter einen Namen zu geben, scheint für die Frauen sehr heilsam zu sein. Natürlich gehen sie in dieser Entwicklung nicht verloren, aber sie verändern sich körperlich und mental in vielerlei Hinsicht.

Die beiden Doulas beschreiben die Muttertät als eine ganzheitliche Entwicklung, in der Frauen unterschiedlich starke Veränderungen auf folgenden fünf Ebenen erleben:

- *Veränderung auf körperlicher Ebene:*
  Neben den äußerlichen, offensichtlichen Veränderungen entwickeln Frauen oft ein anderes Körpergefühl. Das kann mit positiven Emotionen verbunden sein, wie beispielsweise Dankbarkeit und Ehrfurcht, was ihr Körper alles leisten kann. Aber auch mit dem Gefühl, fremd im eigenen Körper zu sein.

- *Veränderung auf psychologischer Ebene:*
  So wie ein junger Erwachsener nie wieder Kind sein wird, so wird auch eine Person, die sich entscheidet, Mutter zu werden, nie wieder eine Nichtmutter sein. Während der Muttertät entsteht eine neue Persönlichkeit, die auch mit einem neuen Status in der Gesellschaft verbunden ist.

- *Veränderung auf der Beziehungsebene:*
  In der Muttertät kann es zu einer Neubewertung von Freundschaften und Familienbeziehungen kommen. Oftmals findet ein Loslassen und Entstehen neuer Freundschaften statt, die Partnerschaft oder die Erwartungen an den/die Partner*in können sich verändern, und auch das Verhältnis zu den eigenen Eltern kann konfliktreicher oder auch wertschätzender werden.

- *Veränderung auf beruflicher Ebene:*
  Viele Frauen entwickeln einen anderen Anspruch an ihre berufliche Tätigkeit oder bewerten sie anders. Manche sind motivierter in ihrem Erwerbsjob, andere planen, sich ganz neu zu orientieren.

- *Veränderung auf der Ebene der Weltanschauung:*
  Die Muttertät bedeutet für viele Frauen, sich verbundener mit Natur und Umwelt zu fühlen. Oft wählen Mütter andere Parteien als vorher oder sind Botschafterinnen für mehr Nachhaltigkeit. Manche erleben einen (neuen) Zugang zu Spiritualität oder Religion. Viele Frauen schildern einen besseren Kontakt zu ihrer inneren Stimme.

Mutterwerden ist also eine Entwicklung, die über Jahre andauert und mit starken, oftmals auch sehr ambivalenten Gefühlen verbunden ist.

> **Die Muttertät ist das lange vermisste Puzzleteil, das die Lücke füllt zwischen »Mutterschaft als einzige Erfüllung« und »Regretting Motherhood«. Mütter dürfen also fühlen, dass das Kind das Beste ist, was ihnen je passiert ist, und gleichzeitig den Wunsch verspüren, Zeit ohne es zu verbringen. Mit dem Wissen der Muttertät braucht es kein Entweder-oder mehr, vielmehr schenkt sie uns ein heilsames Sowohl-als-auch.**[6]

Mit der Einführung des Begriffs der Muttertät wünschen sich die beiden Doulas, dass sich auch bei uns im deutschsprachigen Raum ein neues Verständnis für Mutterschaft entwickelt und dass Mütter untereinander offen und ehrlich darüber sprechen können. »Die Grenzen meiner Sprache bedeuten die Grenzen meiner Welt«, formulierte der Wiener Philosoph Ludwig Wittgenstein einmal sehr treffend. Sobald wir etwas konkret benennen können, sind wir in der Lage, damit besser umzugehen, weil es greifbar wird und wir uns mit anderen darüber austauschen können. Mit dem Begriff Muttertät werden die Veränderungen, die mit der Mutterschaft einhergehen, endlich sichtbar. Für die Frauen selbst, aber auch für ihr Umfeld. Vergleichbar ist dies mit den mittlerweile gesellschaftlich etablierten Begriffen wie Mental Load oder Care-Arbeit. Ohne dieses Vokabular war es den Frauen kaum möglich, die damit verbundenen Herausforderungen sichtbar zu machen.

Auch wir möchten Botschafterinnen für die Muttertät sein und das Verständnis davon in die Welt tragen. Sind hier Neurowissenschaftler*innen, medizinische Redakteur*innen, Hebammen oder Gynäkolog*innen unter der Leserschaft? Dann wäre das jetzt ein wundervolles und wichtiges Projekt, diese Begrifflichkeit auch unter Fachpersonal zu verbreiten. Solange weder die Muttertät noch die Matreszenz in medizinischen Fachbüchern und wissenschaftlichen Publikationen zu finden sind, wird jede Müttergeneration immer wieder aufs Neue mit einer gewissen Sprachlosigkeit ringen. »*Du hast noch Probleme, dich einzufinden in dein neues Leben? Du hast so viele Gefühle in dir? Traurigkeit, Wut, Liebe, Zerrissenheit, Schuld? Tja, dann muss das wohl an dir liegen.*« Gesellschaftliche Glaubenssätze wie diese bohren sich tief in die Mütterherzen ein. Nicht weniger schlimm sind aber Narrative wie »*Hey, du bist Mutter. Du kannst alles schaffen. Du musst es nur wollen, vertrau auf dich und deinen natürlichen Mutter-*

instinkt«. Sätze wie diese verurteilen Mütter zum Scheitern. Weil Mutterschaft den Frauen als leicht und schwerelos verkauft wird, sie sich aber in Wahrheit oft schwer anfühlen kann wie Blei.

Ohne das Wissen um die Muttertät wird weiterhin vielen Frauen eine Wochenbettdepression diagnostiziert, die möglicherweise gar nicht besteht. Und dies schlichtweg aus Mangel an Alternativen. Mit dieser Diagnose ist ihnen aber nicht geholfen, denn sie sind nicht krank – sie werden gerade Mutter. Schlimmstenfalls rutschen sie aufgrund der fehlenden Unterstützung aber genau in jene psychische Krise rein. Und ihre vermeintliche Diagnose wird damit zur selbsterfüllenden Prophezeiung. Auch das Phänomen »Regretting Motherhood« verliert mit der Muttertät seinen Schrecken, denn Mütter können ihre Kinder bis zum Umfallen lieben und dürfen dennoch schmerzlich ihr Leben vor der Mutterschaft vermissen. Und sie dürfen durchaus auch die Mutterschaft, die sie in unserer heutigen Gesellschaft leben müssen, bereuen. Großtante Gerda (*»Ja mei, ihr wolltet doch Kinder. Jetzt hört's auf mit der Jammerei«*) und @mamaglück84 (*»Dein Alltag ist ihre Kindheit«)* sollten ebenfalls dringend über die Muttertät informiert werden.

die hirnforschung zur muttertät

Wir lernen Lisa in einer Kleinkind-Spielgruppe kennen. Ihre Tochter Ida ist 18 Monate alt und wuselt fröhlich zwischen all den Kindern herum. Lisa erzählt uns von der ersten Zeit nach Idas Geburt:

» Als mein Mann mich und meine Tochter damals vom Krankenhaus abholte und wir nach Hause fuhren, fühlte ich mich plötzlich so anders. Natürlich war ich noch geschwächt von der Geburt, aber es war nicht nur das … Ich weiß noch, wie wir unsere Wohnung betraten, in der wir schon Jahre gelebt hatten, und mir alles irgendwie fremd vorkam. Dabei war ich doch nur drei Tage weg! Und so ging es auch die nächsten Wochen weiter. Ich hatte plötzlich so starke Ängste, das kannte ich gar nicht von mir. Ständig checkte ich, ob meine Tochter noch atmete oder traute mich mit ihr auf dem Arm kaum die Stufen in unserem Treppenhaus zu gehen, weil ich immer Sorge hatte, zu fallen und sie dabei zu verletzen. Mein Mann war irgendwann schon richtig genervt von mir. Ich stand echt völlig neben mir. Als ob ich mich selbst beobachten würde von außen. Das war total verrückt. «

Wir wissen so viel über Babys. Mit Beginn der Schwangerschaft liegt beinahe die komplette Aufmerksamkeit aller um uns herum auf den entstehenden Wesen. Schon im Mutterleib können wir mithilfe des Ultraschalls in ihre kleinen Köpfchen schauen, die Durchblutung kontrollieren oder sehen, ob Hirnkammern und Kleinhirn normal geformt sind. Aber was passiert eigentlich in den Köpfen der werdenden Mütter? Dieser Frage sind in den letzten Jahren Hirnforscher*innen nachgegangen und haben faszinierende Ergebnisse veröffentlicht.

Wenn Lisa also denkt, alles wäre anders und sie wäre ein wenig verrückt, dann hat das nur einen einzigen Grund: Es *ist* alles anders, und in ihrem Hirn wurde auch etwas ganz gewaltig *ver-rückt*! Was dabei genau passiert, und wie wichtig es ist, darüber zu sprechen, davon handelt dieses Kapitel.

die anfänge der mütterforschung

Betrachten wir zunächst das Gehirn im Allgemeinen. Die Hirnforschung ist wohl eine der interessantesten, aber zugleich auch am wenigsten erforschten Wissenschaften. Es gibt kein anderes menschliches Organ, das so komplex ist wie unser Gehirn. Jede der rund 100 Milliarden Nervenzellen kann sich mit Tausenden anderen Zellen zum Stelldichein verabreden. Das Produkt dieser neurologischen Rendezvous ist unsere Wahrnehmung, unser Verhalten, unsere Sprache, unsere Erkenntnisse und vieles mehr.[7] Dies legt die Vermutung nahe, dass selbst Wissenschaftler*innen unser Hirn möglicherweise niemals in Gänze verstehen oder erklären können. Als Mütter von je drei Kindern mutmaßen wir, dass es irgendwo ein Areal geben muss, das uns nach Ablieferung des Kindergartenkindes noch über Stunden hinweg Lieder über Helfer auf vier Pfoten summen lässt. Aber was passiert eigentlich in den Köpfen werdender Mütter?

Es gab zwar bereits Ende des 19. Jahrhunderts erste Forschungen an verstorbenen schwangeren Frauen, bei denen Veränderungen im Gehirn festgestellt wurden. Danach schien aber zunächst niemand mehr Interesse an der weiblichen Gehirnanatomie zu haben – die Mütterforschung fiel in einen hundertjährigen Dornröschenschlaf. Selbst heute steckt sie noch in den Kinderschuhen. Dies liegt allerdings nicht ausschließlich an unserer männlich geprägten Gesellschaft und der Bevorzugung männlicher Akteure in wissenschaftlichen Studien. Ein nicht unwesentlicher Grund, warum wir nicht mehr über das Innenleben der Köpfe werdender Mütter wissen, ist der Tatsache geschuldet, dass wir uns die Gehirnverbindungen schwangerer lebendiger Frauen ungern in einer Petrischale anschauen, wie das bei Mäusemüttern und anderen Nagetieren gelegentlich gemacht wird. Und auch für ungefährliche Experimente mit Überlebensgarantie sind schwangere Probandinnen schwer zu finden, da sie sich – wir sprechen hier aus Erfahrung – möglicherweise eher bei romantischen Abendveranstaltungen mit Klangschalen tummeln, in der Kinderabteilung eines schwedischen Klamottenlabels oder völlig erschöpft bei der Erwerbs- und/oder Care-Arbeit. Post partum wird es dann noch schwieriger mit wissenschaftlichen Castings. Denn um eine neugeborene Mutter für etwas anderes als einen ungestörten Powernap oder eine Familienpizza für sie ganz allein zu motivieren, bräuchte es vermutlich schon fast übermenschliche Kräfte. Oder zumindest das Versprechen, dass sich jemand in dieser Zeit der Vorbereitung aller Dankeskarten annähme oder dem Abweisen unerwünschter Verwandtschaftsbesuche.

Anfang der 2000er-Jahre schob die Neurowissenschaftlerin Angela Oatridge schließlich zum ersten Mal gezielt Frauen vor ihrer Schwangerschaft, währenddessen sowie innerhalb des ersten Jahres nach der Entbindung in ein MRT[8] und schaute sich deren Gehirn an. Ihr ging es damals ausschließlich darum, Pathologien besser zu verstehen, denn in ihrer Studie untersuchte sie das Phänomen der Präeklampsie, bei vielen besser bekannt als Schwangerschaftsvergiftung. Oatridge war auf der Suche nach Strategien, um diese schwerwiegende Komplikation in Zukunft zu verhindern oder besser behandeln zu können.[9] Im Zuge ihrer Studien stellte sie jedoch fest, dass die Größe des Gehirns während der Schwangerschaft abnimmt. Genauer gesagt, verringerte sich gemäß ihrer Beobachtung die graue Masse bei einigen Frauen um bis zu sieben Prozent.[10] Über den Mechanismus dahinter und die Bedeutung dieser Funde wurden zu diesem Zeitpunkt allerdings nur spekuliert.[11] Auch wenn diese Studien nie die breite Öffentlichkeit erreichten, verstehen wir durchaus, warum Begrifflichkeiten wie »Schwangerschafts- oder Stilldemenz« aufkommen oder auch schlichtweg nicht dementiert werden konnten. Aber heißt »weniger Volumen« wirklich »schlechter«? Wenn wir uns an die altehrwürdige Diskette erinnern, dann hören wir die heutigen Micro SD-Karten über ehemals 1200 KB Speicherplatz nur laut lachen. Oder man denke an all die Handys, die sich im Laufe der Zeit vom gigantischen Hobbyfunker-Accessoire zu einem smarten, flachen Kordelkettenanhänger verwandelten.

starke hirnveränderungen in der mutterschaft

Weniger kann manchmal durchaus mehr sein. Dies dachte sich auch Elseline Hoekzema, eine niederländische Neurowissenschaftlerin. Ursprünglich untersuchte sie in ihrem Labor in Leiden Menschen- und Rattenhirne, um zu sehen, wie diese sich in Reaktion auf ganz unterschiedliche innere und äußere Reize verändern können.[12] Mutterschaft war dabei ursprünglich kein Thema. Als sie selbst in den Dreißigern war und das Muttersein in ihren privaten Fokus geriet, erschien es ihr plötzlich völlig absurd, dass die Schwangerschaft, die wohl gewaltigste Hormonveränderung im Leben einer Frau, in der Hirnforschung bisher kaum untersucht worden war. Also machte sie sich, getrieben von ihrer persönlichen Neugier, wie sie uns erzählte, zu einem Abenteuer auf. Neben ihrem regulären Job erforschte sie fortan in ihrer Freizeit über viele Jahre hinweg Hirnveränderungen durch Mutterschaft. Nach jahrelanger Datensammlung und Analyse konnte sie 2016 ihre bahnbrechenden Ergebnisse veröffentlichen. Damit lieferte sie den neurowissenschaftlichen Beweis, warum Frauen sich mit der Schwangerschaft beziehungsweise Geburt ihrer Kinder oft so anders fühlen. Auch Elseline Hoekzema verglich die Hirn-Scans von Frauen vor ihrer Schwangerschaft, kurz nach der Geburt sowie zwei beziehungsweise sechs Jahre post partum. Allerdings war sie eine der ersten Forschenden, die dies nicht im Zusammenhang mit einer Pathologie tat, sondern weil sie zu Recht davon ausging, dass es beeindruckende Veränderungen im Gehirn von werdenden Müttern gab.

Hoekzema entdeckte, dass eine Schwangerschaft die Gehirnstruktur einer Frau so drastisch verändert, dass ein Computeralgorithmus die teilnehmenden Mütter in der Studie zu 100 Prozent »diagnostizierte«[13] und zweifelsfrei von den kinderlosen Probandinnen unterscheiden konnte. Als würde ein gewaltiger Sturm das Gehirn der Frauen mit Beginn der Schwangerschaft treffen – und Elseline Hoekzema und ihr Team waren die Ersten, die diesen Sturm sichtbar machten. Ganz nach dem Motto: *Zeig mir dein Hirn, und ich sage dir, ob du Mutter bist.* Wie schon bei den amerikanischen Wissenschaftlerinnen, die bereits geahnt hatten, dass die Veränderungen von Müttern mit jenen von Teenies vergleichbar waren, nahmen an Hoekzemas Studie auch 25 weibliche Teenager teil. Dabei zeigte sich erstaunlicherweise, dass Mädchen in der Pubertät die nahezu selbe Hirnstrukturveränderung haben wie schwangere Frauen. Die Müttergruppe sowie die Jugendlichen wiesen im Bereich der grauen Substanz identische Veränderungen auf, nämlich eine Volumenverringerung. Dies stelle aber keinesfalls einen Verlust der Gehirnfunktion dar, so Elseline Hoekzema, es handle sich vielmehr um eine Art Fine-Tuning. In der Pubertät sowie in der Muttertät bilden sich neue Verbindungen, während nicht mehr genutzte verschwinden.

Zur Verdeutlichung stellen wir uns einmal vor, unser Gehirn wäre das Netz der Deutschen Bahn. Da gibt es neben den Metropolen Berlin, Frankfurt, Hamburg und München eben auch Bahnhöfe in Durlesbach oder Buxtehude. Übertragen auf das Fine-Tuning im weiblichen Gehirn würde der Zug in der Schwangerschaft nicht wie zuvor an all den kleinen Bahnhöfen halten, sondern ohne Zwischenstopp zum eigentlichen Reiseziel fahren. Das ist definitiv schneller und effizienter. Vorausgesetzt, die Bahn ist pünktlich. Das Schrumpfen der grauen Masse im weiblichen Hirn ist also in diesem Fall kein Defizit, es ist – genau wie in der Pubertät – ein Merkmal neuronaler Spezialisierung.[11] Also eine Veränderung der Hirnstruktur, um die neuen und anspruchsvollen Herausforderungen, die mit Mutterschaft einhergehen, bestmöglich zu bewältigen.[15] Da war er nun schwarz auf weiß: der Beweis für die Muttertät. Das Gehirn von Müttern verändert sich in der vulnerablen Phase rund um die Geburt – und damit verändern sich auch die Frauen.

»Der Verweis auf die unterschiedliche Natur von Frau und Mann dient noch immer als die mächtigste Erklärung für geschlechterbasierte Rollenverteilung.«

muttertät ähnelt der pubertät

Dass Teenager einen phänomenalen Hormoncocktail verdauen müssen, der sich selbstverständlich auch in ihrem Verhalten und ihrem Aussehen niederschlägt, ist mittlerweile jedem klar. Aber ganz ehrlich: Würden wir von einem Teenagerkind erwarten, dass es innerhalb weniger Monate zu einem fertigen Erwachsenen wird und jederzeit (instinktiv) weiß, was es jetzt tun soll? Natürlich nicht. Das präpubertäre Kind wird gefühlt irgendwann über Nacht zum Pubertier, und Eltern schwanken in der Regel zwischen absolutem Verständnis für diese anstrengende Phase, durch die der Nachwuchs gerade geht, und purer Verzweiflung, weil ihr Kind sie täglich und mit großer Beharrlichkeit in den Wahnsinn treibt. Und zwar vermutlich für einige Jahre. Unsere Gesellschaft hat hierfür mittlerweile großes Mitgefühl und bietet Unterstützung und Stabilisierung. Denn die Jugendlichen stecken wissenschaftlich bewiesen mitten in einer gewaltigen Entwicklung, und ihr Verhalten ist nicht nur okay, sondern identitätsbildend.

Von Frauen wird hingegen erwartet, dass der Wandel zur Mutter innerhalb von neun Monaten abgeschlossen ist. In Wahrheit ist die Muttertät eine biologisch nachweisbare und über Jahre hinweg andauernde Entwicklungsphase, wie die Pubertät es ist. Dr. Oscar Serrallach, renommierter Arzt und Leiter eines großen Gesundheitszentrums in Australien, beschreibt es sehr treffend: »Würden wir über die Matreszenz (Muttertät) so sprechen wie über die Pubertät, könnten wir sehen, dass eine werdende Mutter eine Phase durchmacht, die Unterstützung benötigt.«[16]

Wenn wir allerdings wissen, dass Mütter in einer ähnlich

starken, jahrelangen Entwicklungsphase stecken wie pubertierende Jugendliche, dann kann doch keiner mehr ernsthaft von einem angeborenen Mutterinstinkt sprechen, oder?

Was Elseline Hoekzema außerdem noch entdeckte, fanden wir gleichermaßen faszinierend und erschreckend. Denn eigentlich müsste der Satz »Zeig mir dein Hirn, und ich sage dir, ob du Mutter bist« angepasst werden zu: »Zeig mir dein Hirn, und ich sage dir, *was für eine* Mutter du bist.« Sieht man in unseren Köpfen dann auch, dass wir keine Fotobücher machen, die Kuchen für das Kindergartenfest kaufen, anstatt liebevoll selbst zu backen, und dass wir Rollenspiele mit den Kindern abgrundtief hassen? Aber ganz von vorn.

zeig mir dein hirn, und ich sage dir, was für eine mutter du bist

Elseline Hoekzema hat in ihrer Studie festgestellt, dass es einen klaren Zusammenhang gibt zwischen dem Ausmaß der strukturellen Veränderung in unserem Gehirn und der Reaktionsstärke auf unser Baby. In einfachen Worten bedeutet das, dass die Veränderungen in unserem Hirn, die bereits in der Schwangerschaft im MRT zu sehen sind, in gewisser Weise die spätere Mutter-Kind-Bindung vorhersagen können.[17] Das hört sich nach Science-Fiction an, ist aber tatsächlich erwiesen. In einer Studie von 2020 fand Hoekzema mit einer Reihe anderer namhafter Neurowissenschaftler*innen heraus, dass die anatomischen Hirnveränderungen während der Schwangerschaft eine Reaktion im Belohnungssystem des mütterlichen Gehirns auslösen. Und das bedeutet in diesem Fall: Je größer die strukturellen Veränderungen in den Köpfen der Mütter sind, desto mehr werden sie belohnt, wenn sie sich um ihre Kinder kümmern.[18] Um so geneigter sind sie folglich auch, das zu tun.

Aus Studien mit Tieren wissen wir bereits, was für eine hohe Belohnungswirkung Babys für ihre Mütter haben. Und zwar so groß, dass Rattenmütter etwa drei Stunden vor der anstehenden Geburt plötzlich eine überraschende Zuneigung für ihre Babys empfinden. Ab dem Zeitpunkt würden sie die exklusivste Mahlzeit und sogar eine ordentliche Prise Koks verschmähen, wenn sie stattdessen ihre Jungen kuscheln können.[19] Um zu diesen Erkenntnissen zu gelangen, wurden bereits im Jahr 1968 fünf schwangere Ratten darauf trainiert, einen Hebel zu betätigen, der sie mit Futter belohnte. Nachdem sie ihre Jungen geboren hatten, wurde dieser Versuch wiederholt. Allerdings plumpsten dieses Mal auf Knopfdruck keine Schlemmereien in die Schale, sondern Rattenbabys, und zwar die eigenen oder auch »Pflegekinder«. Diese wurden von den Mamas sogleich geschnappt, um sie in die angrenzende Nestbox zu bringen. Die Rattenmamas schienen überhaupt nicht genug von den Babys zu bekommen, denn sie betätigten innerhalb von drei Stunden sage und schreibe 648-mal den Hebel.[20] Nur um in Gesellschaft von Jungen zu sein.

Und auch für Menschenmütter gilt: Je mehr unser Gehirn sich in der Schwangerschaft verändert, desto mehr springt unser Belohnungszentrum an, was es uns erleichtert, uns um dieses kleine Menschlein zu kümmern. Warum diese Veränderungen bei jeder Frau in unterschiedlichem Ausmaß stattfinden, ist noch nicht in Gänze erforscht. Eine neue Studie von Hoekzema vom November 2022 zeigt, dass insbesondere die Sexualhormonausschüttung im letzten Trimester damit in Verbindung steht.[21] Mit Sicherheit spielen hier aber auch noch andere Faktoren eine Rolle wie die Genetik, die Epigenetik, vielleicht auch Großtante Gerda, die uns ständig Vorwürfe macht, anstatt uns zu unterstützen.

Laut Elseline Hoekzema und ihrem Forscher*innen-Team sind die Veränderungen wesentlich in den Hirnregionen zu finden, die für das sogenannte »Theory of Mind«-Netzwerk zuständig sind. Dies ist ein Fachbegriff aus der Psychologie, der die Fähigkeit, sich in Gedanken anderer hineinversetzen zu können, beschreibt. In Abgrenzung zur Empathie, ein sicher gängigerer Begriff, beschränkt sich beim Konzept des »Theory of Mind« die Perspektivenübernahmen nicht auf das reine Mitfühlen mit anderen, sondern tatsächlich auf den *kognitiven* Prozess des Hineinversetzens in ein Gegenüber[22] und auf das daraus resultierende Handeln. Wenn wir das auf den Alltag mit Kindern übertragen, scheint dies ein unerlässliches Feature zu sein. Weint unser hilfloser Säugling, genügt natürlich nicht das Mitgefühl und auch nicht immer das Trösten. Für die Entwicklung einer guten Eltern-Kind-Bindung benötigen wir auch die Fähigkeit, die Signale des Säuglings lesen zu können, um herauszufinden, was er jetzt braucht.[23] Sei es Nahrung, Schlaf, Kuscheln oder Entertainment.

Die Wissenschaft hat nun also die Möglichkeit, mit Gehirnscans die Einzigartigkeit der werdenden Mama zu identifizieren, und es kann vorausgesagt werden, ob ihr die Mutter-Kind-Bindung eher leichtfallen wird oder vielleicht auch eher schwer. Folglich wäre eine bedürfnisorientierte Intervention hier machbar und absolut grandios. Was wäre, wenn die Pränatalmedizin die Mütter anstatt zum regelmäßigen Ultraschall einfach mal mit ihrer Lieblingsmusik in die Röhre legen würde, sich die Entwicklung ihrer Muttertät ansehen und dann den Frauen im Wochenbett und in den Monaten/Jahren danach genau das geben würden, was sie brauchen? Die Magnetresonanztomographie (ohne Kontrastmittel) ist im Übrigen genau wie der Ultraschall für Mutter und Fötus ungefährlich.[21] Problematisch wäre vermutlich eher die Rückenlage gegen Ende der Schwangerschaft.

Ohne Frage verbessern die werdenden Mütter bei den gängigen Vorsorgeterminen die Plastikbecher-Pinkel-Performance und ihre Kenntnisse über europäische Königshäuser, aber vielleicht wäre es darüber hinaus auch ganz nützlich, zu erfahren, wie sie jenseits ihrer Gebärmutter aufgestellt sind. Mama X zeigt eine reduzierte Veränderung in den Hirnarealen auf, die verantwortlich dafür sind, es ihr zu erleichtern, ihr Baby zu verstehen und fürsorglich zu handeln? Was braucht Mama X, dass sie diese Herausforderung gut meistern kann? Wie kann ihr geholfen werden, diese Hirnentwicklung anzustoßen? Eine bezahlte Doula, die ihr bei der Geburt und im Wochenbett ein bestmögliches Ankommen in ihrer Mutterschaft ermöglicht? Finanzielle Unterstützung für eine Haushaltshilfe in den ersten Wochen, um in Ruhe zu bonden, wann immer es geht? Eine Paarberatung, weil die ständige Krise in der Partnerschaft und der damit verbundene Stress einen Vulkan aus Hormonen ausspeien, der ihre gesunde Muttertät gefährdet? Eine Therapeutin, die ihr zuhört und Lösungsstrategien bietet, wenn sie ihre Ängste schildert? Fakt ist, dass die meisten Mütter in der Schwangerschaft und während der Geburt viele Interventionen erfahren. Teure Pränataldiagnostik, zahlreiche Tests, viele Ultraschall-Untersuchungen, langwierige Einleitungen aufgrund eines schwindeligen Schätzgewichts des übermotivierten Klinikarztes, dessen wahrer Wert nicht selten am Ende stark von der Vorhersage abweicht. Kaiserschnitte, die nicht immer nötig oder von den werdenden Müttern gewollt waren. Und vieles mehr. Wir sind sehr dankbar für die Möglichkeiten eines Kaiserschnitts und alle anderen Interventionen, die den Körper und/oder die Seele der werdenden Mutter schützen. Aber nicht immer steht die Gesundheit der Mutter im Zentrum der heutigen Geburtsbegleitung. Mehr darüber haben wir in unserem 2021 erschienenen Buch *Nachwehen* geschrieben.

Nun sehen wir die medizinischen Fachkräfte in den überlasteten Geburtskliniken mit gekürzten Budgets ihre überarbeiteten Hände über dem Kopf zusammenschlagen. Gleichzeitig spüren wir die Schnappatmung aller Menschen mit Klaustrophobie. Aber selbst ohne eine Schwangerenuntersuchung im MRT und nur lediglich mit dem Wissen über diese bahnbrechenden Forschungsergebnisse, sollte doch jeder und jedem von uns klar sein, dass es keinen angeborenen Mutterinstinkt geben *kann*. Dass werdende Mütter in einer höchst sensiblen Entwicklungsphase stecken, die durch äußere Stressoren gefährdet und mit Sicherheit auch von ganz eigenen (epi)genetischen Faktoren abhängig ist.

Trotz dieser bahnbrechenden Erkenntnisse blicken wir noch auf ein eher überschaubares Repertoire an wissenschaftlichen Studien. Zusammenfassend zeichnen sich aber bereits deutlich zwei Trends ab. Erstens: Während der Schwangerschaft verringert sich das Volumen unserer grauen Masse (Stichwort Fine-Tuning). Nach der Geburt nimmt es wieder zu, erreicht aber auch sechs Jahre nach der Geburt nicht mehr das Niveau von vor der Schwangerschaft.[25] Jede Frau erlebt per se eine ganz individuelle Hirnveränderung, aber die Umstrukturierung im Gehirn ist auch abhängig vom Zeitraum, also ob die Frau noch schwanger ist oder bereits geboren hat. Das klingt sehr nachvollziehbar, haben wir es hier doch mit zwei Lebensphasen zu tun, die beide völlig einzigartige Ereignisse mit sich bringen – Schwangerschaft versus das Umsorgen eines Neugeborenen. Eine schwangere Frau arbeitet häufig mit Vorstellungskraft, sie malt sich ihre Zukunft mit Baby aus und bereitet ihr neues Leben vor. Hingegen sind im Gehirn einer Mutter nach der Geburt eher die Bereiche aktiviert, die zuständig sind für Planung und Organisation.[26]

sensibilisierung für die mutterschaft

»Diese Umgestaltung des Gehirns wird von der Neurowissenschaft »Sensibilisierung« genannt. Ein Wort, das – unserer Meinung nach – den Nagel auf den Kopf trifft. Oftmals fühlt sich Muttersein doch gerade am Anfang wie eine offengelegte Zahnwurzel an. Oder als würde jemand mit einer Lupe auf all die ambivalenten Gefühle schauen, die Frauen im Zuge ihrer Mutterschaft erleben. Diese intensivere Aufmerksamkeit richtet sich aber nicht nur auf die Gefühle der Mütter, sondern auch auf ihre hilflosen Säuglinge. Dass eine Person aufgrund von Schwangerschaft und Geburt »programmiert« ist, plötzlich besonders aufmerksam zu sein und leichter eine Bindung aufbauen kann, ergibt evolutionsbiologisch natürlich Sinn. Die Sensibilisierung bedeutet aber nicht, eine besondere Kompetenz qua Geburt (der eigenen oder des Kindes) erlangt zu haben oder instinktiv zu wissen, was zu tun ist. Und schon gleich gar nicht auf Knopfdruck zu lieben.

Aber in der Tat erhalten gebärende Frauen eine Art garantierte Eintrittskarte für das Abenteuer Elternschaft. Während sich nicht biologische Mütter, Väter, Adoptiveltern etc. diese Eintrittskarte erst einmal aktiv besorgen müssen. Also auch gewillt sein müssen, sich in dieses Abenteuer zu stürzen. Im folgenden Kapitel wird dies noch ausführlich erläutert. Nur so viel: Die Eintrittskarte der Väter oder auch aller anderen Eltern ist identisch mit jener der Mutter. Genau wie bei den gebärenden Müttern steht auf ihr:

> **»Willkommen im wildesten Abenteuer deines Lebens. Du wirst in den nächsten Jahren unglaublich viel lernen. Du wirst oft straucheln, du wirst lieben, manchmal mehr und manchmal weniger. Du wirst scheitern und voller Stolz zurückblicken. Es ist so ziemlich der verrückteste Trip, den du je angetreten hast. Gute Reise und viel Kraft, du wirst sie brauchen.«**

von mütterlicher coolness und heiligem mutterzorn

Wie alle anderen Beteiligten muss auch eine Mutter Fürsorge lernen. In der Schwangerschaft wird sie – oder besser gesagt – ihr Gehirn hierfür sensibilisiert. Diese neuronalen Veränderungen helfen ihr zum einen, ein Fürsorgeverhalten zu aktivieren, um nach der Geburt auf das Neugeborene so zu reagieren, dass es optimal überleben kann.[27] Der Radikalumbau im Hirn, den diese Sensibilisierung mit sich bringt, verändert aber auch das Empfinden der Frauen und ihre Gefühlswelt.

Mutter- beziehungsweise Elternschaft wird in der Regel stark romantisiert. Und natürlich duften die neugeborenen Babys für Eltern wie das beste Parfum auf Erden. In Wahrheit folgen diesem olfaktorischen Erlebnis der ersten Wochen aber Jahre, die immer wieder auch von ekelerregenden Situationen geprägt sind. Vollgespuckte Betten, Böden und Busen. Gefeierte kleine Kackwürste in Plastiktöpfchen oder auch der gefürchtete Läusealarm bei allen Familienmitgliedern. Laut Darwin und einiger anderer neuzeitlicher Wissenschaftler*innen ist Ekel eine grundlegende menschliche Emotion zur Vermeidung von Krankheitserregern, wobei Frauen in der Regel eine höhere Ekelempfindlichkeit aufweisen als Männer. Im Vergleich zu kinderlosen Frauen scheinen Mütter jedoch weniger angeekelt zu sein von gewöhnungsbedürftigen Dingen wie Hundekacke oder diversen Kleintieren.[28] Die mütterliche Coolness eignet sich allerdings nicht als männliche Generalausrede fürs Wickeln oder andere gewöhnungsbedürftige Tätigkeiten, die mit kleinen Kindern einhergehen, denn laut Wissenschaftler*innen sind Männer von Grund auf ziemlich gelassen, was ihre Ekelresistenz betrifft.

Aber nicht nur dem Ekel treten Mütter entspannter entgegen. In körperlichen Härtetests, wie beispielsweise in der Hitzekammer oder auch nach einem Bad im Eiswasser, haben Mütter im Vergleich zu Nichtmüttern einen geringeren Pegel des Stresshormons Cortisol im Körper. Und in stressigen Situationen wie in Bewerbungsgesprächen oder auch nach grundlosen Rüpeleien reagieren Frauen, die Kinder haben, gefasster und mit ruhigerem Puls.[29]

Diese Gelassenheit scheint bereits gegen Ende der Schwangerschaft zu beginnen. Als 1994 in Kalifornien ein schweres Erdbeben der Stärke 6,8 die Umgebung erschütterte, bei dem viele Menschen ums Leben kamen, legten Mütterverhaltensforscher*innen der University of California Schwangeren, die im Schnitt 80 Kilometer vom Epizentrum entfernt wohnten, einen Fragebogen vor, auf dem die Frauen auf einer vierstufigen Antwortskala angeben sollten, wie belastend sie dieses Ereignis fanden. Von »überhaupt nicht belastend« bis »sehr belastend«. Während die Frauen in der Frühschwangerschaft die maximale Belastung von 4 angaben, lag die durchschnittliche Bewertung der Schwangeren im letzten Trimester bei ziemlich entspannten 2 Punkten.[30] Wissenschaftler*innen vermuten, dass diese Coolness für das spätere Leben mit Kindern von Vorteil sein könnte. Manche Forschende stellen sogar die Möglichkeit in den Raum, dass diese Gelassenheit, ausgelöst durch eine gedämpfte Gefühlsempfindung, auch eine Erklärung für den Babyblues oder milde Formen postpartaler Störungen sein könnten und dass es sich möglicherweise um eine Art Anpassungsstrategie handelt.[31] Betrachtet man die gravierende Lebensveränderung, die mit der Geburt eines Kindes einhergeht, erscheint uns das durchaus plausibel. Endgültige Antworten darauf gibt es derzeit allerdings noch nicht. Wenn Frauen nach der Geburt aber eine erdrückende Leere und keine Liebe auf den ersten Blick empfinden, dann ist dies – neurowissenschaftlich bestätigt – völlig normal.

Die Anthropologin Wenda Trevathan, die Geburten in ganz unterschiedlichen Kulturen erforscht hat, beschreibt eine eher zurückhaltende Reaktion der Mutter als recht häufiges Phänomen. Dies bezeichnet sie als »Phase der Indiffe-

»Die Geburt einer Mutter ist ein Prozess über Jahre hinweg und benötigt weit mehr als neun Monate Schwangerschaft und ein paar Stunden Wehen.«

renz«, in der die neugeborene Mutter sich erst mal von den Strapazen der Geburt erholt. Es gibt sogar Völker in Südamerika, bei denen sich nach Durchtrennen der Nabelschnur zunächst ausschließlich um die Mutter gekümmert wird und diese erst Stunden später oder am nächsten Tag damit beginnt, ihr Kind zu stillen.[32] Bei einer Erhebung im Jahr 1980 in Großbritannien, wo überwiegend gut situierte und gesunde Mütter befragt wurden, kam heraus, dass 40 Prozent der Erstgebärenden unmittelbar nach der Geburt keine besondere Zuneigung ihren Babys gegenüber empfanden. Bei den Mehrfachgebärenden waren es übrigens nur 25 Prozent. Erst Tage oder sogar Wochen nach der Geburt empfanden die Frauen Gefühle der Verbundenheit.[33] Möglicherweise ergeben auch hier die gedämpften Gefühle durchaus einen Sinn, stellt eine Geburt doch ein Ereignis dar, das großer physischer und psychischer Erholung bedarf.

Abgesehen von einer neuerworbenen Coolness verfügt eine Mutter auch über stärkere Sinneswahrnehmungen. Sie schmeckt, riecht und hört besser. Außerdem können neugeborene Mütter im Vergleich zu Nichtmüttern Farben wesentlich besser unterscheiden, ihre Aufmerksamkeit scheint also insgesamt geschärft zu sein. So verfügen sie plötzlich über eine hervorragende Gesichtserkennung.[34] Ein möglicher Vorteil, denn hinter einem wütenden oder ängstlichen Gesicht könnte sich eine wirkliche Bedrohung für sie und ihr Baby verbergen. Auch im Berufsleben kann sich die geschärfte Wahrnehmung bemerkbar machen. Polizistinnen gaben an, dass sie nach dem Mutterschutz viel wachsamer auf Streife waren als zuvor.[35]

Mütter bevorzugen auch ganz klar den Umgang mit Menschen, die gesünder erscheinen.[36] Aus eigener Erfahrung lässt dies – zumindest, solange die Kinder klein sind – auch nicht nach. Der mütterliche Blick prüft die Rotznase des Besucherkindes in der Regel innerhalb weniger Sekunden auf Farbe und Konsistenz. So viel zum Thema Ekelresistenz.

Gerät diese extrem aufmerksame und höchst sensibilisierte Mutter unter Druck von außen, führt das zum »heiligen Mutterzorn«, wie die Journalistin und Autorin Abigail Tucker schreibt. Wissenschaftler*innen nennen es Laktationsaggression. Erwiesenermaßen hat eine Frau bereits in der Schwangerschaft erhöhte Werte von Prolaktin im Blut, um den Körper auf das Stillen vorzubereiten. Was eigentlich ein stressminderndes Hormon ist, scheint bei neugeborenen Müttern allerdings auch zu Aggressionen zu führen. Aus der Tierwelt ist uns das wohlbekannt. Und die Mahnung unserer Eltern, nicht zu nah an ein Muttertier mit seinen Jungen zu gehen, haben wir auch unseren Kindern schon das eine oder andere Mal mit auf den Weg gegeben. Diese »Aggressionslust« betrifft auch Mütter, die das Fläschchen geben, auf Stillende trifft es aber besonders zu.[37] Ihre Bereitschaft, in bedrohlichen Situationen aggressiv zu reagieren, ist erhöht. Wobei Mütter sich nicht aktiv in Konfliktsituationen begeben, vielmehr scheint diese Wut eine defensive Form der Aggression zu ihrem Schutz und dem ihrer Kinder zu sein.[38] Sogar in Bezug auf den eigenen Partner oder die eigene Partnerin erleben Mütter in den ersten Monaten nach der Geburt »einen Rückgang der positiven Gefühle«.[39] Eventuell würden unsere Männer das auch bezeugen.

Und doch scheinen stillende Mütter selbst im Wut-Modus »cooler« zu sein als kinderlose Frauen. Denn auch wenn ihr Aggressionspotenzial im Vergleich stark erhöht ist, bleibt ihr Blutdruck signifikant niedriger. Stillen fördert demnach einerseits aggressives Verhalten, dämpft aber gleichzeitig die Stressreaktion im Körper.[10]

Nun sind Menschenmütter im Alltag natürlich selten von akuten Gefahren, wie einem Hyänenangriff, bedroht. Allerdings kann für viele Frauen in dieser sehr vulnerablen Phase auch ein Zuviel an Besuch oder ein Zuwenig an Unterstützung eine reelle Bedrohung darstellen. Wut ist übrigens – neben der Liebe – das am häufigsten mit Müttern in Verbindung gebrachte Gefühl.[11] Ein Gefühl, das sich Frauen nur selten zugestehen. Mütter erst recht nicht. Und während es gesellschaftlich als völlig normal betrachtet wird, wenn manche Männer ihre Aggressionen im Straßenverkehr oder laut grölend im Stadion ausleben, so werden Frauen, die Emotionen wie Wut zeigen, schnell als hysterisch abgestempelt. Eine Mutter in Rage passt einfach nicht ins Bild. Der Mythos der stets geduldigen Mutter ist in unseren Breitengraden so heilig, dass wir es nicht mal uns selbst eingestehen wollen, diesem nicht gerecht werden zu können.

trainingslager mutterschaft: auch mütter müssen fürsorge lernen

In der Muttertät sollten starke und ambivalente Gefühle als vollkommen normal gelten. Nur nebenbei bemerkt, wird uns dies bei anderen großen Veränderungen, sei es der Umzug in eine neue Stadt, ein Jobwechsel oder eine Trennung, auch zugestanden. Die Sensibilisierung in der Muttertät ist höchst effizient, wie wir bereits am Beispiel des Bahnnetzes gesehen haben. Aber auch wenn diese Ereignisse im Körper der Frau zunächst automatisch durch die Schwangerschaft und die Geburt ausgelöst werden, bedeutet das einzig und allein, dass die Mutter auf all die Erfahrungen, die sie jetzt machen wird, aus rein biologischer Sicht *vorbereitet* ist. Doch machen muss sie die Erfahrungen dann trotzdem selbst, denn nur so wird es ihr möglich sein, Fürsorgeverhalten zu entwickeln. Und nur durch das Learning by Doing wird sie eine »Elternkompetenz« erlangen, nicht durch einen mütterlichen Instinkt.

Natalia Lamotte von den Schwesterherzen Doulas beschreibt die Mutter- beziehungsweise Elternschaft sehr treffend: Elternwerden sei wie ein Muskeltraining. Schwangerschaft und Geburt sind das Warm-up. Sie bereiten das Gehirn und den Körper der Frau darauf vor, ein Neugeborenes zu versorgen und auf seine Bedürfnisse einzugehen. Eine biologische Mutter hat damit einen leichten zeitlichen Vorsprung gegenüber nicht gebärenden Eltern. Dennoch müssen auch biologische Mütter das Elternsein üben. Würden sie den Muskel nämlich nicht weiter trainieren, könnte dieser auch nicht stärker werden oder würde sich sogar abbauen. Dieser anfängliche Vorsprung der Mutter kann jedoch aufgeholt werden, denn das Gehirn aller Eltern (gebärend oder nicht gebärend, biologisch oder nicht biologisch) wird nachweislich durch Erfahrung neu vernetzt, hierzu später noch mehr. Dafür braucht es natürlich kein echtes Muskeltraining, sondern vor allem Zuwendung und Zeit mit dem Baby. Damit der Muskel nicht erschöpft, ist es jedoch wichtig, immer wieder zu regenerieren und die zu stemmenden Gewichte gerecht untereinander aufzuteilen.

Wir finden diesen bildlichen Vergleich sehr stark. Dies würde auch erklären, warum sich Eltern von mehreren Kindern trotz des erhöhten Stresslevels mit schwierigen Situationen manchmal leichter tun – sie sind schlichtweg gut im Training. Auch eine erstgebärende Mutter, die schon Jahre zuvor Fürsorgeerfahrung im Job oder in ihrer Herkunftsfamilie sammeln konnte, ist hier im Vorteil. Weitere spannende Erkenntnisse über das Elternhirn finden sich im folgenden Kapitel.

Nun verlassen wir aber erst einmal die veränderte Gefühlswelt, die mit der Muttertät einhergeht, und widmen uns den kognitiven Veränderungen, die dieser Komplettumbau in den Frauenhirnen hervorruft.

die wissenschaft vom »mommy brain«

Die Umstrukturierung des Gehirns in der Muttertät hilft Frauen, sich an die Mutterschaft anzupassen, lässt sie aber auch weniger wichtige Informationen ausblenden. Den Namen der neuen Nachbarin zum Beispiel, mit der sie nun schon einige Male so nett gequatscht haben, oder den Geburtstag der Schwiegermutter. Was im Volksmund als Schwangerschafts- oder Stilldemenz bekannt ist, hat eine neuronale Erklärung.

Nach einer Lesung zu unserem ersten Buch erzählte Mareike in der abschließenden Gesprächsrunde über ihre Vergesslichkeit im Wochenbett:

» Eigentlich fing es schon in der Schwangerschaft an, aber ganz schlimm wurde es dann nach der Geburt von Carla. Ich habe mich manchmal derart

neben der Spur gefühlt, dass ich mich regelrecht über mich selbst erschrocken habe. Einmal habe ich unseren Hund angeleint vor dem Drogeriemarkt vergessen und es erst bemerkt, als ich durch die halbe Stadt mit der U-Bahn nach Hause gefahren bin. Oder diese Momente, wenn ich alleine im Supermarkt war und den Einkaufswagen an der Kasse ständig hin und her gewägelt habe. «

Alle Mütter um uns herum schmunzelten, weil sie vergleichbare Situationen auch aus ihrem Leben kannten. So wie Mareike haben viele in der Schwangerschaft oder im Wochenbett das Gefühl, ein bisschen neben der Spur zu sein. Und das ist tatsächlich nicht nur die persönliche Wahrnehmung (oder die des Umfelds), sondern wird auch durch die bisherigen Erkenntnisse aus der Wissenschaft gestützt. Wobei diese Verschlechterung der kognitiven Fähigkeiten in der Vergangenheit selbst bei Forschenden recht kontrovers diskutiert wurde, weil biologische Auslöser und Einflüsse aus der Umgebung sich hier nicht trennen lassen. Sind die Veränderungen im kognitiven Bereich des Gehirns nun rein hormonell getriggert, oder könnte es vielleicht auch eine Rolle spielen, dass die Frauen im Untersuchungszeitraum mit eher monotonen Tätigkeiten beschäftigt sind, wie permanentem Wickeln, Kuck-Kuck-Spielen hinter Musselin-Tüchern oder einem narkoleptischen Bobo Siebenschläfer in Dauerschleife?

Ein australisches Forscher*innen-Team nahm im Jahr 2018 alle bereits bestehenden Studien zu kognitiven Veränderungen bei werdenden Müttern noch einmal genau ins Visier. Ihr Ergebnis: Die allgemeine kognitive Leistungsfähigkeit und das Gedächtnis waren bei den schwangeren Frauen, insbesondere im letzten Trimester, tatsächlich schlechter als bei den Nicht-Schwangeren.[12] Besonders schwer fiel es den Frauen, die richtigen Worte zu finden für dieses … Dingsda. Oder auch Namen, die ihnen eigentlich wohlbekannt waren. Und fühlte sich jemand direkt nach der Entbindung wie eine sehr alte, gebrechliche Version seiner selbst? Derjenigen sei gesagt, dass auch dies neurowissenschaftlich erwiesen ist. Dr. Eileen Luders, Neurowissenschaftlerin und Professorin an der University of Auckland, konnte feststellen, dass die Gehirne von Müttern ein bis zwei Tage post partum erheblich »älter« waren als vier bis sechs Wochen später. Auch dies lässt sich heute anhand von Hirnscans feststellen.[13] Danke, Eileen, für die neurowissenschaftliche Bestätigung unseres Empfindens!

Übrigens belegen weitere Studien, dass die Mehrzahl der Mütter sich an mindestens ein wichtiges Ereignis während der Geburt nicht mehr erinnern kann.[14] Bereits in den 1990er-Jahren gab es hierzu eine Untersuchung mit Frauen, deren Austrittsphase, also die letzte Phase der Geburt, aufgezeichnet wurde. Nach der Geburt ließ man sie Videos davon anschauen. Ergebnis: Alle Frauen berichteten, dass sie sich viele Details, die sie zu sehen bekamen, überhaupt nicht mehr ins Gedächtnis rufen konnten.[15] Dies halten wir als Mehrfachgebärende für einen ziemlich cleveren Schachzug unseres Hirns. Das Mommy Brain erfüllt mit seinen Erinnerungslücken also durchaus auch einen heilenden Zweck und hilft den Müttern, das eine oder andere Trauma der Geburt zu bewältigen. Mehrfachmütter leiden übrigens noch wesentlich häufiger an einer Verschlechterung der Gedächtnisleistung.[16] Wobei hier natürlich auch – egal ob erst- oder mehrfachgebärend – viele Wechselwirkungen zwischen biologischen Prozessen und individueller Erfahrung eintreten. Mütter ringen in der Schwangerschaft und post partum nach Worten, aber sie halten in diesen Momenten gerade einen anderen, völlig hilflosen Menschen am Leben – und möglicherweise auch noch weitere Kinder im Arm.

Dennoch scheint der historisch geprägte Glaubenssatz, Frauen und insbesondere Mütter verfügten über weniger Intelligenz, nach wie vor in vielen Köpfen verankert zu sein, wenn oftmals auch nur subtil und unbewusst. Und es scheint völlig intuitiv und für alle normal zu sein, dass bei dieser großartigen Neustrukturierung im Kopf einer Frau, die sie im Zuge einer Schwangerschaft erlebt, vor allem nach kognitiven Defiziten geschaut wird. Aber auch hier möchten wir die ganze Geschichte erzählen. Denn es gibt aktuelle Studien, die nicht nur belegen, dass die Gedächtnisdefizite bei Müttern rein temporär sind, sondern auch darauf hindeuten, dass eine Mutter sogar kognitive Verbesserungen im Vergleich zu ihrem kinderlosen Ich aufweist. Und zwar langfristig.

vom defizit- zum benefitdenken

Zum Glück gibt es mittlerweile Neurowissenschaftler*innen, die sich genau für jene Verbesserungen in der Schwangerschaft und im Wochenbett interessieren, Forschungsprojekte ins Leben rufen und faszinierende Erkenntnisse zutage fördern. Eine von ihnen durften wir glücklicherweise persönlich treffen. Dr. Jodi Pawluski, Neurowissenschaftlerin, Psychotherapeutin und Mama von zwei Kindern, setzt sich unermüdlich dafür ein, dass das »Mommy Brain« ein Makeover bekommt. Eines, das von Fakten und nicht von Überzeugungen geprägt ist. Seit fast 20 Jahren konzentriert sie sich in ihren Forschungen auf die Mutterschaft. Bevor sie Menschenmütter näher ins Visier nahm, untersuchte sie über lange Zeit hinweg die Gehirne weiblicher Ratten. Hierbei fand sie heraus, dass diese im Verlauf der Schwangerschaft im Vergleich zu ihren kinderlosen Pendants Gedächtnisleistung einbüßten. Allerdings verbesserte sich diese Funktion mit der Zeit wieder, und bemerkenswerterweise übertraf ihre Gedächtnisleistung anschließend sogar die der jungfräulichen Ratten. Mutterschaft scheint sich also nicht nur *»nicht negativ«* auf das Gehirn auszuwirken, es sieht so aus, als ob sie die Hirnfunktionalität sogar verbessern könnte. Eine Studie, die im Januar 2023 veröffentlicht wurde, zeigt, dass diese erhöhte kognitive Belastung in der Phase rund um die Geburt auch bei Menschen zu einer verbesserten kognitiven Leistung im Alter führt![17] Sprüche wie »Kinder halten geistig fit« sind also neurowissenschaftlich bewiesen.

Generell muss hinsichtlich der Gedächtnisdefizite bei Menschenmüttern noch weiter geforscht werden, auch um klar zu erfassen, wann und wo diese kognitiven Einbußen auftreten.[18] Hat die Befragung vielleicht nach der dritten schlaflosen Nacht in Folge stattgefunden? Übernahm der oder die Lebenspartner*in, obwohl fest versprochen, gerade doch wieder nicht den vereinbarten Teil der Care-Arbeit? War die befragte Mutter möglicherweise gesundheitlich angeschlagen oder litt unter PMS? Und würde man bei einem neugeborenen Vater, der etwas träge und mit Augenringen im Büro auftaucht, nicht erst einmal mitfühlend denken *»Oh je, der Arme hat diese Nacht wohl wieder nicht geschlafen«*, anstatt ihm direkt eine Verschlechterung seiner kognitiven Hirnfunktion vorzuhalten? Was wir im Übrigen tun *könnten*. Denn auch wenn die Literatur hinsichtlich der kognitiven Veränderung bei Vätern noch viel spärlicher ist als bei Müttern, gibt es Studien, die eindeutig zeigen, dass Mütter und Väter von Beginn der Schwangerschaft bis sechs Wochen nach der Geburt zu keinem Zeitpunkt unterschiedliche kognitive Veränderungen aufweisen. Die Forschenden bringen dies mit den neuen Herausforderungen, dem Stress und den Ängsten in Verbindung, von denen auch die Väter betroffen sind.

Dr. Bridget Callaghan, Professorin für Psychologie an der University of California, ist ebenfalls eine der Forscher*innen, die sich nicht auf die vermeintlichen Defizite konzentriert, sondern mit neuen Forschungsergebnissen fasziniert. In den bisherigen Veröffentlichungen, so Callaghan, wurden bei Gedächtnistests stets allgemeine Reize untersucht, also das Erinnerungsvermögen von Frauen in Bezug auf nicht elternspezifische Gegenstände, beispielsweise Dinge aus dem Arbeitsalltag. Elternrelevante Reize wurden hierbei nicht oder nie hinreichend berücksichtigt.[19] Was in Anbetracht der Tatsache, dass Menschen buchstäblich eine neue Welt betreten, wenn sie zu Eltern werden, wenig sinnvoll ist. Denn in dieser Zeit muss eine Menge vollkommen neues und vor allem zusätzliches Wissen verinnerlicht werden und tagtäglich abrufbar sein. Diese neuen Aspekte nicht in die Gedächtnisbefragungen zu integrieren und ausschließlich standardisierte Fragebögen zu verwenden, kann die Aussagekraft der Ergebnisse durchaus infrage stellen. Während für eine kinderlose Vollzeit-Büroangestellte ein Tacker ein sehr relevantes Objekt in ihrem Alltag darstellt, so ist er das für eine neugeborene Mutter sicher nicht, und sie ringt möglicherweise schon um

Worte, wenn sie die korrekte Bezeichnung dafür nennen soll. Also das, was Pastinaken und Nasensauger bei den meisten kinderlosen Menschen auslösen dürften.

Diese fehlende Relevanz berücksichtigte Dr. Callaghan in ihrer im Mai 2022 veröffentlichten Studie. Sie lud zweimal sowohl werdende Mütter als auch Frauen ein, die noch nie schwanger waren. Zunächst in der 28. Schwangerschaftswoche und dann noch einmal vier Wochen später in der 32. Woche. Beide Male zeigte sie den Frauengruppen Gegenstände, denen wir im erwachsenen Leben begegnen, zum Beispiel Bürogegenstände, Stühle, Stifte etc., aber auch Dinge, mit denen besonders Eltern tagtäglich konfrontiert sind, wie etwa Strampler, Babyspielzeug oder Windeln. Die Gegenstände waren auf schönen Landschaftsbildern und Naturschauplätzen angeordnet und wurden den Frauen in zufälliger Reihenfolge präsentiert. Die Probandinnen nahmen anschließend an zwei Testverfahren teil. Einmal ging es um die reine Wiedererkennung. Callaghan fragte hierzu jedes Mal: »Haben wir dir diesen Gegenstand schon gezeigt?« Eine Aufgabe, die nicht besonders fordernd für den Hippocampus ist. Wahrscheinlich in etwa so, wie wenn eine Mutter dem Baby auf der Bank im Café mal eben die Windeln wechselt, während sie mit dem erstgeborenen Kind darüber sinniert, wie Seegurken sich wohl schlafen legen.

Bei der zweiten, etwas schwierigeren Aufgabe ging es um das räumliche Gedächtnis. Die Frauen sollten sich an den Hintergrund erinnern, vor dem der jeweilige Gegenstand zuvor präsentiert worden war. Ergebnis: Während die Schwangeren im Kurzzeitgedächtnistest bei den Objekten aus dem »erwachsenen Leben« dasselbe Erinnerungsvermögen aufwiesen wie die Kontrollgruppe, waren sie bei den Babyge-

»Die Umstrukturierung des Gehirns in der Muttertät hilft Frauen, sich an die Mutterschaft anzupassen.«

genständen sogar besser.[50] Dass das Kurzzeitgedächtnis von schwangeren Frauen bei babyrelevanten Themen besonders effektiv zu sein scheint, ist evolutionär betrachtet nun keine sehr aufregende Information.

Wirklich spannend wurde der Versuch dann aber vier Wochen später. Denn Callaghan fand heraus, dass die schwangeren Frauen bei der schwierigeren Übung im Langzeittest sowohl bei den Baby- als auch bei den Erwachsenengegenständen besser abschnitten als die nicht schwangeren Frauen. In der Schwangerschaft findet also sowohl im Kurzzeitgedächtnis (bei den elternrelevanten Themen) als auch langfristig im räumlichen Gedächtnis eine Verbesserung statt.[51] Plötzlich erschließt sich uns auch, warum Frauen einen Gegenstand zwar nicht benennen können, ihn aber detailgetreu vor sich sehen und im Notfall zielgenaue Instruktionen geben können, wo im Haus er sich befindet.

Diese neue Studie zeigt sich somit an manchen Stellen konträr zu den meisten bisherigen Studien bezüglich kognitiver Verschlechterung bei schwangeren Frauen oder Müttern. Wobei der Bestand an bisherigen Studien generell sehr dünn ist und es immer zu berücksichtigen gilt, zu welchem Zeitpunkt die Gedächtnisveränderungen auftreten – in der Schwangerschaft, im frühen Wochenbett oder beispielsweise ein Jahr post partum.

Es gibt einen weiteren, sehr interessanten Grund dafür, dass sich Begrifflichkeiten wie Schwangerschafts- und Stilldemenz oder auch »Mommy Brain« so hartnäckig halten. Gemäß einer Studie von Edwina R. Orchard, die 2022 veröffentlicht wurde,[52] unterscheiden sich Mütter (ein Jahr nach der Geburt) und Nichtmütter nicht oder nur geringfügig bei objektiven Gedächtnisaufgaben voneinander, was die neuesten Studien, auch die eben erwähnte von Callaghan, untermauert. Allerdings – und das ist der große Unterschied – schätzen Mütter ihre Gedächtnisleistung deutlich schlechter ein. Über die Gründe hierfür wird derzeit nur spekuliert, meint Jodi Pawluski. Bei den Tests befinden sich die Mütter im Labor. Sie sitzen alleine auf einem Stuhl, es ist ruhig, und es steckt sich währenddessen kein Krabbelkind den kleinen Legostein der großen Schwester in den Mund. Eine Studie von 2011 hat sich dieser Diskrepanz zwischen subjektiv wahrgenommenen und objektiv messbaren Gedächtnisdefiziten bei Schwangeren angenommen.[53] Die Forschenden zeigten auf, dass sowohl die schwangeren also auch die nicht schwangeren Frauen im Labor gut abschnitten. Wenn die Studienteilnehmerinnen aber gebeten wurden, sich nach den Tests zu Hause an etwas zu erinnern, zum Beispiel eine Woche nach dem Laborbesuch diverse Formulare zurückzuschicken, schnitten die werdenden Mütter deutlich schlechter ab.[54] Die Schwangere war also unter Laborbedingungen mit der Kontrollgruppe vergleichbar, zu Hause in ihrem Alltag aber plötzlich nicht mehr. Hier zeigt sich ganz deutlich, dass es der Alltag ist, der ihr Gedächtnis trübt, und nicht die Tatsache, dass sie an einer hormonell bedingten »Demenz« leidet. Eine Schwangerschaft kann mit einigen Stressfaktoren einhergehen, wie beispielsweise einem neuen Körperbild, der Anpassung an eine neue soziale Rolle oder auch Sorgen vor der Geburt.[55] Damit wird zum einen klar, wie wichtig ein fürsorgliches, entlastendes Umfeld für die (werdende) Mutter ist, aber es zeigt auch noch einmal ganz deutlich, wie wir auf Mutterschaft schauen. Meist steht eine vermeintliche Minderwertigkeit (also das defizitäre Denken) im Fokus und nicht all die erstaunlichen und positiven Dinge, die mit dem Mutterwerden einhergehen.

Wir wünschen uns hier ein neues Narrativ. Eine biologische Mutter ist unweigerlich zugegen, wenn ihr Baby entsteht und geboren wird. Dank des hormonellen Sturms, der sie ereilt, ist in ihr auch schon dieser Muskel zur Elternschaft angelegt, den wir bereits erwähnten. Aber Fürsorgeverhalten muss gelernt werden, und die werdende Mutter befindet sich nach der Geburt im Trainingslager. Im Übrigen nicht nur dann. Denn Eltern dürfen zwar in der Regel irgendwann einmal wieder durch- und ausschlafen, aber in puncto Komplexität wird das Leben von Müttern und Vätern immer auf einem anderen Niveau sein als vor ihrer Elternschaft. Mit fortschreitender Entwicklung des Sprösslings ändern sich die kindlichen Bedürfnisse, was wiederum eine Verhaltensanpassung vonseiten der Eltern verlangt. So unterscheiden sich die Aufgaben, die für die Fürsorge eines völlig abhängigen Neugeborenen erforderlich sind, stark von denen, die für die Betreuung eines sehr mobilen und eigenwilligen Kleinkindes oder eines Kindes im Schulalter nötig sind. Und noch mehr von denen für das Umsorgen eines Jugendlichen oder jungen Erwachsenen. Die Entwicklungsstufen des Kindes führen also zu einer stetigen Anpassung der Elternschaft.[56] Das ist mitunter harte Arbeit und geht an Reserven. Dass das auch mal unsere kognitiven Kompetenzen betreffen kann – vor allem in der sehr vulnerablen Phase rund um die Geburt –, erscheint einleuchtend. Von einem Mathelehrer, der am Wochenende einen Marathon läuft, erwarten wir schließlich auch nicht, dass er uns währenddessen die binomischen Formeln erklärt.

erkenntnisse aus der mütterforschung nutzen allen menschen

Die Hirnforschung zur Muttertät bietet aber mehr als das Bewusstsein, dass mit den Frauen alles stimmt. Mehr als die Rechtfertigung, dass all die Veränderungen normal sind. Die Mütterforschung bietet auch ein enormes Potenzial für Erkenntnisse hinsichtlich der Gesundheit *aller* Menschen. Denn die aktuellen Studien zeigen durchgängig einen sehr positiven Einfluss von Mutterschaft auf unser späteres Leben. So weisen Mütter im Vergleich zu Nicht-Müttern geringere Anzeichen der Hirnalterung auf. Und je mehr Kinder sie haben, desto geringer ist sogar das Risiko, an Alzheimer zu erkranken.[57] Hier scheint vor allem die Anzahl der Schwangerschaften verantwortlich zu sein oder besser gesagt: die Anzahl der Schwangerschaftsmonate. Für jeden Schwangerschaftsmonat sinkt das Risiko, an Alzheimer zu erkranken, um 5,5 Prozent. Das bedeutet, dass eine Frau, die insgesamt ein Jahr länger schwanger war als eine andere, ein um zwei Drittel geringeres Risiko hat, an Alzheimer zu erkranken.[58] Warum ist das so? Das ist noch unklar, doch es lohnt sich, in Mütterforschung zu investieren, um daraus Erkenntnisse für alle Menschen zu gewinnen.

schlafentzug und mental load

Nach den empirischen Forschungen zur Gedächtnisleistung der Müttergehirne möchten wir an dieser Stelle auch etwas (wenngleich recht unwissenschaftlichen) Familienalltag einfließen lassen. Werfen wir hierzu einen Blick in die Schlafzimmer der neugeborenen und auch nicht mehr ganz so neugeborenen Eltern. Auf die unzähligen Schlafunterbrechungen aufgrund des nächtlichen Stillens oder der Fläschchenzubereitung. Auf all die Ellenbogen, die Füße oder Hinterteile, die Mütter und Väter im Laufe einer einzigen Nacht von ihren Sprösslingen ins Gesicht gerammt bekommen. Auf das Kühlen fiebernder Wangen und, nicht zu vergessen, die nächtlichen Streits mit dem Partner oder der Partnerin, mit denen wir als Eltern plötzlich konfrontiert sind. Neumüttern fehlen Schätzungen zufolge rund 700 Stunden Schlaf jährlich.[59] Wir sind keine Neurowissenschaftlerinnen, sondern Mamas von jeweils drei Kindern. Dass sich chronischer Schlafmangel aber so anfühlen kann, als würden wir komplett den Verstand verlieren, können wir bestätigen. Ebenso wie das verschollene Handy im Kühlschrank, das linksrum getragene T-Shirt, das Vergessen der Matschhose für die Kita …

Und natürlich fordert auch der Mental Load seinen Tribut in der mütterlichen Gedächtnisleistung. Schon in der Schwangerschaft (vor allem in der ersten) gibt es so viele weitreichende Entscheidungen, die gefällt werden müssen. Denn Mütter tragen plötzlich die Verantwortung für zwei Menschen. Genügen die Schwangerschaftsvitamine aus dem Drogeriemarkt, oder muss es doch die exakt auf die Schwangerschaftswoche dosierte Luxuspackung aus der Apotheke sein? Welche Untersuchungen nehmen sie wahr, was dürfen sie essen, und was nicht? Wie überstehen sie trotz starker Übelkeit im ersten Schwangerschaftsdrittel den Arbeitstag oder den fast vergessenen Geburtstag der Schwiegermutter? Wo gebären sie und wie? Wie bekommen sie jetzt noch eine Hebamme? Viele Fragen, viele Entscheidungen. Und wenn das Baby erst einmal da ist, verändern sich sowieso Zeit und Raum.

All diese Herausforderungen sollten auch im wissenschaftlichen und gesellschaftlichen Diskurs berücksichtigt werden. Jodi Pawluski formuliert es bei unserem Treffen sehr passend: »Frauen, die nach ihrer Geburt das Gefühl haben, vergesslich oder etwas schusselig zu sein, leiden mit hoher Wahrscheinlichkeit nicht an einer Fehlleistung ihres Denkorgans, sondern vermutlich schlicht und einfach an Mental Load und Schlaflosigkeit.«

unter anderen umständen sind wir andere mütter

Bahar ist gerade zum zweiten Mal Mutter geworden. Die Geburt ihrer ersten Tochter ist elf Jahre her, damals war Bahar 20 und noch in der Ausbildung.

> » Dieses Mal ist alles so anders. Es fühlt sich alles so viel leichter an, und ich bin wirklich um Welten gelassener. «

Das Verhalten der Mutter ist immer auch abhängig davon, ob es sich um ihr erstes Kind handelt oder ob sie schon Kinder hat. Diese Gelassenheit, die Bahar beschreibt, kennen vermutlich die meisten Eltern mehrerer Kinder. So auch wir. Während wir bei Kind eins noch nach Sinn und Zweck von Innenschlafsäcken und Windsalben googelten und jede Nacht beinahe stündlich aufgestanden sind, um Mikro-Häufchen von kleinen Popos zu wischen, so ließen der Recherchebedarf und auch die nächtliche Wickelfrequenz bei jedem weiteren Kind rapide nach. Hinsichtlich Hirnveränderungen bei Mehrfachgebärenden läuft derzeit übrigens eine Studie der Universität Leiden, erneut unter der Federführung von Elseline Hoekzema. Im Interview verriet sie uns bereits, dass es hierzu bald neue faszinierende Erkenntnisse gäbe. Jodi Pawluski erzählte uns von einer bereits veröffentlichten Studie, die besagt, dass eine erfahrene Mutter weniger stark auf das Weinen ihres Säuglings reagiert als eine Erstlingsmama. Die Wissenschaftler*innen gehen davon aus, dass diese verstärkte Aufmerksamkeit der neugeborenen Mütter dazu dient, Mutterschaft zu lernen und ein mütterliches Gedächtnis zu entwickeln.[60] Auch hier lesen wir wieder das »Trainingslager« heraus, das alle Mütter zunächst absolvieren müssen.

» Natürlich bin ich entspannter, weil es schon mein zweites Kind ist«, erzählt Bahar weiter. »Aber es ist nicht nur das. Das ganze Leben ist weniger kompliziert, und es ist finanziell auch einfacher. Sodass schon so viele Sorgen weg sind, die ich bei meinem ersten Kind hatte. «

Das Umfeld und die jeweilige Lebenssituation haben großen Einfluss auf das Verhalten von Eltern. Im Kontrollraum für menschliches Verhalten sind immer viele Akteure am Werk, wie beispielsweise das derzeitige Befinden, Stress, Erfahrungen, Ängste und Sorgen, um nur ein paar Faktoren zu nennen.[61] Der Bereich, der das elterliche Verhalten auslöst, gleicht also mitnichten einem aufgeräumten Organisationsbüro, sondern vermutlich eher den Zimmern unserer Kinder. Ein und dieselbe Frau kann je nach Kontext ein ganz unterschiedliches Mutterverhalten an den Tag legen. Die Tatsache, wie eine sehr junge Frau, die bei einem One-Night-Stand ungewollt schwanger wurde, ihre Mutterschaft erlebt und mit ihrem Säugling umgeht, erlaubt keine Prognose darüber, wie dieselbe Frau Jahre später in einer harmonischen Beziehung bei einem weiteren Kind »muttert«.[62]

Auch Dauerstress destabilisiert die grundlegendsten Müttercharakteristika. Wenn man den Begriff Instinkt überhaupt verwenden möchte, dann passt er am ehesten auf folgende menschliche Eigenart:[63] Die meisten Mütter tragen ihre Babys automatisch auf der linken Brust, also auf der Seite, auf der ihr Herz schlägt, völlig unabhängig ob rechtshändig oder linkshändig. Wenn wir an Abbildungen der Jungfrau Maria denken, sind wir damit in himmlischer Gesellschaft.[64] Sogar beim Stillen bevorzugen die Kinder oft die linke Brust, weil der mütterliche Herzschlag, den sie schon aus dem Mutterleib kennen, beruhigend auf sie wirkt.[65] Aber das ist nicht der einzige Grund, warum Mütter ihre Babys häufiger links tragen. Wissenschaftler*innen gehen davon aus, dass wir das tun, weil unsere linke Körperseite verstärkt mit unserer rechten Gehirnhälfte verknüpft ist, und die dominiert bei der Emotionsverarbeitung.[66] Dass dies aber kein instinktives Mutterverhalten ist, zeigt eine wirklich süße Studie, in der knapp 100 englische Kindergartenkinder gebeten wurden, ein Kissen zu halten.

Dies taten alle Kinder brav ohne jegliche Bevorzugung einer Seite. Als das Forscher*innen-Team kurzerhand Gesichter auf die Kissen malte, nahmen die Kinder (egal ob Junge oder Mädchen) das Kissen plötzlich in den linken Arm.[67]

Also wiederum kein Mutterinstinkt, sondern vielmehr ein *menschlicher* Impuls. Und ein ziemlich schöner obendrein.

Chronisch gestresste Mütter dagegen scheinen ihre Babys mit größerer Wahrscheinlichkeit rechts zu tragen.[68] Auch unbearbeitete Traumata, die für den Körper ebenfalls großen Stress bedeuten, verändern die Hirnstruktur insofern, dass der Mandelkern, also jene Region, die für emotionales Verhalten zuständig ist, kaum noch reagiert. Die Mutter stumpft also regelrecht ab und reagiert auf Babyweinen nicht mehr »angemessen«.[69] Interessant ist allerdings der Vergleich zu Müttern, die nicht unter Traumata, sondern unter Stressfaktoren wie Armut leiden. Denn ihr Mandelkern reagiert nicht schwach wie bei den traumatisierten (Mittelschicht-) Müttern, sondern – ganz im Gegenteil – um einiges stärker.[70] Dies könnte, so Dr. Pilyoung Kim von der University of Denver, daran liegen, dass es für Mütter, deren Lebensumfeld instabil oder gar unkalkulierbar ist, sinnvoller ist, schneller auf Kinderweinen als auf Lachen zu reagieren, zum bestmöglichen Schutz des Kindes.[71] Eine weitere interessante Interpretation für das Verhalten von Müttern, die unter prekären Bedingungen leben müssen und denen oftmals Vernachlässigung vorgeworfen wird: Möglicherweise handeln diese nämlich alles andere als nachlässig oder unaufmerksam, ganz im Gegenteil. Vielleicht ist ihr Verhalten sogar sehr strategisch, weil es ihren Nachwuchs auf die problematischen Lebensumstände vorbereitet, mit denen dieser unweigerlich bald konfrontiert sein wird.[72]

So individuell wie die Lebensumstände sind auch die Menschen. »Es gibt nicht *das* Muttergehirn oder *die* muttertypische Reaktion«, so Helena Rutherford, Professorin an der Yale University.[73] Anders als viele bisherige Forschende untersuchen sie und ihr Team nicht die Unterschiede zwischen Müttern und kinderlosen Frauen, sondern wie sich Mütter *voneinander* unterscheiden. Im Übrigen legen auch viele andere Säugetiere eine ganz individuelle »Mutter-Performance« an den Tag. Sogar bei unseren Lieblingsnagern, den Meerschweinchen, scheint es Mütter zu geben, die weniger erpicht auf Nasenküsschen und Co. mit ihren Babys sind als andere.[74] Menschenmütter sind noch viel komplexer, und Wissenschaftler*innen tun sich extrem schwer, überhaupt Gemeinsamkeiten zu finden.[75]

Mütterverhalten ist also immer ein komplexes Zusammenspiel und daher höchst individuell. Die »perfekte Mutter« kann es somit schon per Definition nicht geben. Denn wie wir uns als Mütter verhalten, ist weder ausschließlich genetisch vorprogrammiert, noch ist es einzig und allein abhängig von äußeren Einflüssen.[76] Mütter unterscheiden sich in ihren Verhaltensweisen durch und durch. Auch wir selbst sind oft ganz unterschiedliche Mütter. Je nachdem, welches Kind gerade vor uns sitzt, wie viele Stunden wir letzte Nacht geschlafen haben oder abhängig davon, ob wir mit unserem Kind gerade bei einer Vorsorgeuntersuchung in der Kinderarztpraxis glänzen wollen oder gemütlich beim Grillen im Garten unserer besten Freundin sitzen. Was Mütter jedoch vereint, ist dieser großartige Wandel, den alle durchleben, wenn sie sich auf das Abenteuer Mutterschaft einlassen. Hier sind wir den klugen, ambitionierten Neurowissenschaftler*innen dankbar für all diese nicht mehr nur gefühlten, sondern nun auch evidenzbasierten Wahrheiten:

»Mutterwerden ist eine Entwicklung, die über Jahre andauert und mit starken, oftmals auch sehr ambivalenten Gefühlen verbunden ist.«

Die Hirnforschung zur Muttertät

- Auf MRT-Bildern lässt sich eine Mutter mit nahezu 100-prozentiger Sicherheit »diagnostizieren«. Frauen in der Muttertät haben vergleichbare Hirnveränderungen wie Heranwachsende in der Pubertät.

- Weniger ist manchmal mehr: Das Schrumpfen der grauen Masse während der Schwangerschaft ist kein Defizit, sondern ein intelligentes Fine-Tuning. Es setzt eine Sensibilisierung in Gang, die es Müttern ermöglicht, sich den Herausforderungen der Mutterschaft anzupassen und Fürsorgeverhalten zu lernen.

- Im MRT lässt sich schon in der Schwangerschaft abbilden, ob es der Mutter eher leicht oder eher schwerfallen wird, eine Mutter-Kind-Bindung aufzubauen.

- Mütterverhalten ist nicht instinktiv. Alle Mütter erleben eine ganz individuelle Entwicklung. Das Umfeld und die jeweilige Lebenssituation haben einen enormen Einfluss darauf, wie die Mutter auf ihr Baby reagiert.

Wir *sind* keine Mütter. Wir *werden* es. Und unser Mütterverhalten ist unmittelbar verwoben mit der Unterstützung, die wir auf dieser Reise bekommen.

HERstory

mütterforschung ist menschenforschung – das elternhirn

Wenn Mutterschaft eine jahrelange Entwicklung ist und es keinen angeborenen Mutterinstinkt gibt, warum verlassen die neugeborenen Mütter dann nicht spätestens nach der äußerst schmerzhaften Geburt fluchtartig den Kreißsaal? Warum stillen sie manchmal, bis die Brustwarzen bluten, oder stehen nachts schlaftrunken zig Mal auf, um löffelweise Milchpulver in die wohltemperierten Fläschchen zu kippen? So viel vorweg: Mit Vergnügen hat das wenig zu tun. Und auch nicht von Anfang an mit Liebe. Wie im vorherigen Kapitel erklärt, wird das Gehirn der Mutter mit Beginn der Schwangerschaft umprogrammiert, um gerade am Anfang eine intensivere Aufmerksamkeit dem Baby gegenüber zu entwickeln. Was evolutionsbiologisch nötig ist, denn Menschenkinder kommen im Vergleich zu anderen Säugetieren zu früh auf die Welt. Um ungefähr die Fähigkeit und Fitness eines Affenbabys zu erreichen, müssten Babys eigentlich circa 16 Monate im Mutterleib verweilen.[77] Da dies physiologisch nicht möglich ist, ist es umso wichtiger, dass jemand unmittelbar nach der Geburt die Fürsorge übernimmt.

Die meisten Menschen handeln bei Kindern und vor allem bei Babys fürsorglich und intuitiv. Wenn das Baby herzzerreißend weint, dann wird eine Mutter, die sich in einem geschützten Umfeld befindet und gesund ist, es vermutlich an ihre Brust nehmen, es vielleicht stillen. Ein Vater, der sich in einem geschützten Umfeld befindet und gesund ist, wiegt es möglicherweise leise flüsternd im Arm oder läuft mit ihm auf und ab. Und wer mehr als ein Kind hat, konnte bestimmt schon miterleben, wie sich das Geschwisterkind über das weinende Bündel beugt, mit ihm in veränderter Stimmlage spricht, das Händchen des Babys in seiner hält oder auch einfach nur einen Erwachsenen zur Hilfe holt. Das Weinen von Babys löst in uns, egal welchen Geschlechts oder Alters wir sind, eine Art Fürsorgeimpuls aus. Hier hat die Natur vorgesorgt, damit die elementaren Bedürfnisse dieses kleinen Menschleins zuverlässig befriedigt werden.[78] Wenn wir also auf dem Begriff »Instinkt« beharren wollten, dann scheint der sogenannte »Mutterinstinkt« in allen Menschen angelegt zu sein. Und zwar als »Fürsorgeinstinkt«. Das bestätigt auch eine italienische Studie von 2012, die im MRT die Gehirnaktivitäten von kinderlosen Personen aufzeichnete, während diesen Bilder von unbekannten Erwachsenen, Säuglingen und Tieren gezeigt wurden. Mit dem Ergebnis: Babygesichter aktivierten weitaus mehr Bereiche im Gehirn als Bilder von Erwachsenen oder Kätzchen. Kindergesichter scheinen also bei allen Menschen, egal ob sie in einer (biologischen) Beziehung zum Kind stehen oder nicht, Belohnungsschaltkreise zu aktivieren.[79] Dabei ist es bei den Babys völlig irrelevant, ob sie aus unserem eigenen Kulturkreis kommen oder nicht. Bei Erwachsenen scheint dies durchaus eine Rolle zu spielen. Dies bestätigt eine japanisch-italienische Studie aus dem Jahre 2014, die den charmanten Titel trägt »Baby, du bringst mein Gesicht zum Leuchten«[80]. Dabei wurden zwei parallele Studien in Japan und Italien, zwei sich stark unterscheidenden Kulturen, durchgeführt. Mithilfe von Infrarot-Thermografie und Verhaltensbeurteilung wurde sowohl bei den Japaner*innen als auch Italiener*innen eine signifikante Präferenz für Erwachsene der eigenen Gruppe festgestellt; in die Babys waren jedoch alle gleichermaßen verliebt, egal ob mit japanischen oder italienischen Stupsnäschen.

Menschen haben von Natur aus eine Bereitschaft, sich um Babys zu kümmern, auch um solche, die nicht ihre eigenen sind.[81] Dieses Phänomen trägt den Namen *alloparentale Fürsorge*. Babys kuscheln sich also sowohl in unsere Herzen als auch in unsere Hirnwindungen. Aber würde das nicht bedeuten, dass wir die Last der Verantwortung, Kinder zu gesunden Erwachsenen großzuziehen, guten Gewissens auf mehrere Menschen und Geschlechter verteilen können? Was sagt die Hirnforschung dazu?

Um das genauer zu erläutern, machen wir an dieser Stelle einen Exkurs zur sogenannten Neuroplastizität des Gehirns, also dem Potenzial des Hirns, sich zu entwickeln und sich an veränderte Umweltbedingungen anzupassen. Der Begriff stammt aus dem Griechischen, *plastikós*, was so viel bedeutet wie »zum Formen geeignet«. Früher ging man davon aus, dass dieses Formen spätestens nach der Adoleszenz zum Erliegen käme.[82] Mittlerweile wissen wir, dass die Muttertät eine vergleichbare Veränderung der Hirnstruktur hervorruft. Da HERstory anders als HIStory keine eindimensionale Geschichte erzählt und alle Lebensakteure miteinbezieht, widmen wir uns nun zunächst den Nichtmüttern.

wunderwerk gehirn – fast so formbar wie kinderknete

Wenn Eltern aufeinandertreffen, entsteht oft so etwas wie ein Geheimzirkel. Da genügen Blicke, und wir wissen genau, was der andere Vater oder die andere Mutter jetzt gerade denkt. Wir warten bei Fragen wie »*Kann ich bitte eine Apfelschorle?*« gemeinsam vergeblich auf den Infinitiv am Ende des Satzes, und wir können zusammen alle Titelmelodien zu den gängigen Kinderserien trällern. Allein diese Tatsachen zeigen uns deutlich, dass das Gehirn in kurzer Zeit enorm lernfähig ist. Und auch die Wissenschaft bestätigt das Potenzial unseres Hirns, sich neu zu strukturieren. Völlig unabhängig davon, ob wir Eltern sind oder nicht. So wurde etwa das männliche, durchschnittlich intelligente Taxifahrergehirn schon vor über einem Jahrzehnt hinsichtlich seiner Hirnstruktur gründlich erforscht. Also lange bevor so drastische Lebensveränderungen wie eine Schwangerschaft überhaupt in den Fokus der Hirnforschung geriet. Auch wenn Frauen bei dieser Studie »vergessen« wurden und nur männliche Probanden teilnahmen, ist es – wie die Studienergebnisse zeigen – wirklich erstaunlich, wie formbar unser Menschenhirn zu sein scheint.

Wer schon mal in London war, weiß um die vielen Straßen und Sehenswürdigkeiten rund um das Zentrum der britischen Hauptstadt. Um die schnellsten Routen durch das komplizierte Londoner Straßennetz zu finden, müssen die Taxifahrer sich einer circa vierjährigen Ausbildung unterziehen und dürfen sich erst dann »Cabbies« nennen, wenn es ihnen gelingt, sich rund 25 000 Straßen in einem Sechs-Meilen-Radius um den Bahnhof Charing Cross zu merken sowie die Standorte tausender Sehenswürdigkeiten. Ohne Navi wohlgemerkt. Zwischendurch müssen sie immer wieder eine Reihe von Prüfungen bestehen, um am Ende die Betriebslizenz zu erhalten. Dieses umfassende Ausbildungs- und Qualifikationsverfahren ist unter Taxifahrer*innen weltweit einzigartig. Und damit stellt es gleichzeitig ein wunderbares Feld für die Hirnforschung dar. Dies dachte sich auch ein Londoner Forscherteam und untersuchte 2011 das Gehirn von 79 Taxifahrern vor und nach ihrer Ausbildung. Hierbei fanden die Wissenschaftler*innen heraus, dass sich die Gehirnstruktur nur bei jenen Männern strukturell veränderte, die sich am Ende auch zum Taxifahrer qualifizierten. Die also nach einer Lernphase tatsächlich über neues, komplexes Wissen verfügten. Mit diesem Know-how über die Straßen Londons vergrößerte sich nachweislich das Volumen ihrer grauen Masse im Hippocampus,[83] also jener Region im Gehirn, die für das Gedächtnis und das Lernen zuständig ist. Ein großartiger Beweis für die Formbarkeit des menschlichen Gehirns. Und das ganz ohne Hormone oder sonstige intrinsische Faktoren. Wenn wir an das Mommy Brain denken, bei dem die Spezialisierung zunächst leichte kognitive Defizite auszulösen scheint, so ist es wenig überraschend zu lesen, dass auch die Männer für den Erwerb ihres neuen räumlichen Wissens einen kleinen Preis zahlen müssen. So schnitten die Probanden bei anderen Arten von neuer visueller Information (beispielsweise bei komplexen Figuren) im Vergleich zur Kontrollgruppe schlechter ab. Ebenfalls interessant war, dass die Hirnveränderungen bei Taxifahrer-Rentnern wieder rückläufig waren beziehungsweise sich zum Teil komplett normalisierten.[84] Effizienz at its best. Denn für einen Taxifahrer im Ruhestand ist es vermutlich wichtiger, mit seinen Enkelkindern UNO spielen zu können, als ihnen aus dem Effeff 25 000 Londoner Straßennamen entgegenzuschmettern.

Wir fassen also zusammen: Das menschliche Gehirn ist (bis ins hohe Alter) lernfähig und formbar. Wir können uns neue Namen merken oder den verwinkelten Weg in das neu eröffnete Café in der Innenstadt. Unsere Gehirnstruktur kann sich je nach Bedarf verändern beziehungsweise anpassen, weil unser Nervensystem auf Reize – seien es intrinsische (vom Körper ausgelöst) *oder* extrinsische (von außen angeregt) – reagiert und seine Struktur, seine Funktionen sowie seine Verbindungen reorganisiert.[85] Vergleichbar also mit einem Soft- und Hardware-Update in einem. Das Sprichwort »Was Hänschen nicht lernt, lernt Hans nimmermehr« bedarf also unbedingt eines Relaunchs.

Aber was haben Taxifahrer mit Eltern zu tun? Sehr viel, wie wir gleich verstehen werden. Denn bei beiden Gruppen verändert sich das Gehirn aufgrund von *Erfahrung*.

babys verändern herz und hirn ihrer väter

Ein spanisch-US-amerikanisches Forscher*innen-Team veröffentlichte mit seiner Studie vom September 2022 Erkenntnisse, die – wie sie selbst schreiben – einen erheblichen Einfluss auf die öffentliche Politik zur Förderung der Väterbeteiligung haben werden.[86]

Nun haben wir bereits ausführlich darüber berichtet, dass einschneidende Lebensereignisse wie Schwangerschaft und Geburt das weibliche Gehirn dramatisch verändern. Diese Veränderung passiert automatisch. Aber was für Prozesse laufen im Gehirn von Vätern ab? Und wie ist das bei nicht biologischen Eltern? Bei Adoptiveltern, Lebenspartner*innen und bei all den anderen Familienkonstellationen, die es gibt?

Die Väterstudie untersuchte also, wie der Übergang zur Elternschaft das menschliche Gehirn formen kann, wenn die Schwangerschaft *nicht* direkt erlebt wird. In diesem Fall waren die Probanden Männer, die zum ersten Mal Vater wurden. Wenn wir von einer vernachlässigten Mütterforschung sprechen, dann müssen wir fairerweise auch erwähnen, dass die Forschung über Väter die Unterrepräsentanz noch bei weitem toppt. Damit scheint eine Festschreibung hinsichtlich des Rollenverständnisses von Elternschaft einherzugehen. Seit 2022 gibt es allerdings einen klaren Beweis für die Formbarkeit des väterlichen Gehirns.

Ein Teil der Probanden waren jene Männer, die Elseline Hoekzema schon im Zuge ihrer bahnbrechenden Studie von 2016 als männliche Kontrollgruppe ins MRT schob, und zwar vor und während der Schwangerschaft ihrer Partnerinnen wie auch zwei Monate post partum. Die 2022er-Studie analysierte aber nicht nur diese Daten, sondern schob 20 weitere Männer in Kalifornien ins MRT. Einmal im dritten Trimester ihrer Partnerin sowie sieben bis neun Monate nach der Geburt, also ein halbes Jahr später im Vergleich zu den spanischen Vätern. Auch die kalifornischen Väter wiesen, wie zu erwarten war, eine Volumenabnahme der grauen Masse auf, was ihnen – genau wie den Müttern – offenbar hilft, stärker auf die Bedürfnisse der Kinder reagieren zu können und sich verbundener mit ihnen zu fühlen.[87]

Beim Lesen dieser Studie waren wir zunächst etwas enttäuscht, dass die amerikanischen Männer keine größeren Veränderungen im Hirn aufwiesen als die spanischen Väter. Nicht wegen der kalifornischen Sonne, sondern weil sie aufgrund ihrer späteren Hirn-Scans (sieben bis neun Monate post partum) doch weitaus mehr Gelegenheiten gehabt hatten, Zeit mit ihrem Kind zu verbringen im Vergleich zu Hoekzemas Vätern im Wochenbett. Müssten ihre längeren und damit intensiveren Erfahrungen nicht einen noch größeren Umbau in ihren Gehirnen ausgelöst haben?

Die Ergebnisse zeigen zugleich, wie vernetzt Anlage und Umwelt sind. Wir können die Biologie nicht einfach von den Umgebungsfaktoren trennen. Dass die Hirnveränderungen der Männer schwächer waren als die ihrer Partnerinnen oder auch, dass Väter trotz zeitlich unterschiedlicher Hirnscans ähnliche Ergebnisse aufzeigten, ist nur bedingt aussagekräftig. Schließlich befinden wir uns nicht in einem kulturellen oder emotionalen Vakuum. Es gibt allein quantitative Unterschiede: Während spanische Väter aufgrund der großzügigeren Elternzeitregelungen möglicherweise per se mehr Stunden mit ihren Kindern verbringen können, erlaubt die Familienpolitik in den USA bislang keinerlei bezahlte Elternzeit. Darüber hinaus müssen der Charakter und die persönlichen Lebenseinstellungen der Probanden berücksichtigt werden: Anders als bei Schwangerschaft und Geburt, bei denen Frauen zwangsläufig zugegen sein müssen, beobachten wir bei Vätern höchst unterschiedliche Verhaltensweisen. Vielleicht nimmt der Vater noch nicht mal am Tag nach der Geburt Urlaub, vielleicht nimmt er aber auch ein Jahr Elternzeit. Vielleicht sieht er sich aufgrund seiner eigenen Erziehung nicht in der Pflicht, sich um das Baby zu kümmern, vielleicht ist er aber auch besonders zugewandt und verbringt sehr viel Zeit mit dem Neugeborenen. Ganz besonders fasziniert hat uns deshalb eine weitere Studie aus dem Jahr 2024, die darauf hindeutet, dass Väter bereits in der Schwangerschaft ihrer Partnerinnen Hirnveränderungen erleben bzw. erleben *können*![88] Das Ausmaß der Veränderungen steht laut Forschenden in Korrelation mit ihrem Engagement.

Also je mehr sich der werdende Vater schon in der Schwangerschaft mit seinem zukünftigen Vaterdasein gedanklich auseinandersetzt, Elternzeit plant und je öfter er an sein Kind denkt, desto stärker ist der Umbau in seinem Gehirn. Es benötigt also weder eine Schwangerschaftserfahrung noch den Körperkontakt zum Kind, damit das Gehirn der Väter beginnt, sich neuronal den Aufgaben der Elternschaft anzupassen. Und wieder einmal zeigt sich: Sich empathisch und liebevoll um ein Kind zu kümmern, ist eine Entscheidung.

Im Übrigen fanden die Wissenschaftler*innen auch heraus, dass diese stärkere Hirnumstrukturierung bei Vätern zwar die Bindung erleichtert, aber auch mit einem erhöhten Risiko für Schlafstörungen, Depressionen oder Angstzustände einhergeht. Kommt uns Müttern bekannt vor.

Fakt ist, Männer erleben genauso wie Frauen Veränderungen in ihrer Hirnstruktur, wenn sie Eltern werden. Sie werden sensibilisiert und können dank ihres »Hirn-Updates« besser auf die Bedürfnisse ihres Kindes eingehen.

Unumstritten ist, dass noch immer sehr viel Forschungsbedarf besteht.[89] Wissenschaftlich erwiesen ist allerdings – und darin liegt der große Unterschied zwischen den Geschlechtern –, dass Männer sich *bewusst* dafür entscheiden müssen, diese Sensibilisierung anzustoßen. Und das können sie durch ein aktives Miterleben der Schwangerschaft (Begleitung zu Hebammenterminen und Untersuchungen, liebevolle Unterstützung der Schwangeren etc.) sowie nach der Geburt durch einen engen Kontakt zum Kind. Die Väterhirn-Studie von 2024 beendete die Aufzeichnungen zwölf Monate post partum. Wir sind schon jetzt gespannt auf Untersuchungen, die sich auf einen längeren Zeitraum und eine noch größere Stichprobe konzentrieren.

Im Zuge unserer Recherche für dieses Buch sprachen wir mit Lars, einem Vater aus der Kita unserer Kinder, über seine Erfahrung in der Elternzeit. Nach drei Monaten begann seine Freundin wieder zu arbeiten, und er kümmerte sich fortan tagsüber um seine Tochter Ella.

> **»Der Anfang war echt schwer. Ich habe ständig überlegt, meine Freundin bei der Arbeit anzurufen, weil ich manchmal tatsächlich etwas überfordert war mit diesem kleinen Wesen. Ehrlich gesagt hatte ich mir die Zeit auch ein wenig leichter vorgestellt. Ella hat mir glücklicherweise aber sehr vehement gezeigt, was sie braucht und was nicht. Und seither läuft es wirklich gut, auch wenn es unglaublich anstrengend ist. Mittlerweile sind wir beide auf jeden Fall ein eingespieltes Team.«**

Er schaut uns grinsend an, während er seine Tochter mit einem Stück Banane füttert. An dieser Stelle möchten wir noch einmal auf die eindrückliche Metapher der Doula Natalia Lamotte zurückgreifen, die Elternwerden und das damit verbundene Fürsorgeverhalten mit dem Trainieren eines Muskels vergleicht. Jener Muskel ist bei allen Menschen angelegt. Auch bei Lars. Die gebärende Mutter hat in der Schwangerschaft und während der Geburt bereits ein Warm-up absolviert. Aber sie muss – genau wie alle anderen – die Fürsorge erst lernen. Es ist Training on the Job. Während die Gebärende nach dem Aufwärmen möglicherweise ein bisschen

»Das Gehirn von Müttern verändert sich in der vulnerablen Phase rund um die Geburt – und damit verändern sich auch die Frauen.«

schneller ins Training finden kann, müssen sich alle anderen Eltern – biologische Väter, Adoptiveltern, Regenbogeneltern, Bonuseltern, sogar Großeltern – bewusst dafür entscheiden, diesen Muskel »anzutrainieren«. Und das geschieht auf wundervolle Art und Weise und ohne schweißtreibendes Training: Sie verbringen einfach viel Zeit mit dem Baby. Sie kuscheln, sie singen, sie streicheln, sie tragen. Und genau wie die biologische Mutter brauchen auch sie genau das richtige Maß an Übung und Regeneration.

Eine israelische Studie, die bereits 2014 veröffentlich wurde bekräftigt die durch Erfahrung ausgelöste Hirnveränderung bei Vätern auf eindrückliche Art und Weise.[90] Das Forscher*innen-Team untersuchte bei 89 Müttern und Vätern die Reaktion des elterlichen Gehirns auf Reize ihres ersten Babys anhand von MRT-Aufnahmen und Oxytocin-Messungen. Oxytocin ist ein im Gehirn produziertes Hormon, welches auch als Kuschel- oder Bindungshormon bezeichnet wird. Interessant dabei war, dass dieses Mal drei Gruppen von Eltern untersucht wurden. Zum einen heterosexuelle Mütter, die sich primär um das Kind kümmerten; heterosexuelle Väter, die die zweite Bezugsperson des Babys waren, also vermutlich der westliche Standard. Die dritte Gruppe bestand aus homosexuellen Vätern, die die Rolle der primären Bezugsperson innehatten. Dieser Kontext bietet einen einzigartigen Rahmen, um das väterliche Hirn bei der Übernahme der traditionell mütterlichen Rolle zu untersuchen. Denn einen »angeborenen Mutterinstinkt« können diese Männer ja offensichtlich nicht haben.

Die Wissenschaftler*innen besuchten die Familien zu Hause, machten Filmaufnahmen von ihrem Familienalltag sowie der Eltern-Kind-Interaktion und checkten ihren Oxytocinwert im Speichel. Später zeigten sie den Eltern die Videoaufnahmen, während im MRT ihre Gehirnaktivität analysiert wurde. Ergebnis: Was die Hirnaktivitäten betrifft, so wiesen die Mütter, wie auch schon in früheren Studien beobachtet, eine stärkere Aktivierung des Mandelkerns (Amygdala) auf, wo im Wesentlichen die Emotionsverarbeitung stattfindet. Die heterosexuellen Väter zeigten dagegen eine stärkere Aktivierung im Bereich der kognitiven Empathie und des sozialen Verständnisses, also des Hineinversetzens in andere Menschen sowie der Ableitung passender Schlussfolgerungen.

Überraschend war aber, dass die homosexuellen Väter in beiden Hirnregionen verstärkte Aktivitäten aufwiesen, sodass sie sowohl wie die biologischen Mütter reagierten als auch wie die heterosexuellen, biologischen Väter. Faszinierend!

»Ja aber … die Hormone …«, wenden nun sicher einige Väter aus ihren unflexiblen Führungspositionen heraus ein. Ja, die gibt es. Und gebärende Mütter schütten diese automatisch aus. Aber die israelische Studie zeigt, dass alle getesteten Gruppen einen nahezu identischen Oxytocinwert im Speichel hatten. Sogar die heterosexuellen Väter, die zwar engagiert, aber »nur« die zweite Bindungsperson waren, hatten gleich viel Liebeshormon in ihrem Körper wie Mütter. Bei den Eltern unterscheidet sich lediglich der Prozess, wie es zu Reaktionen im Hirn und zur Ausschüttung des Hormons kommt.

Während bei den Müttern zunächst die Biologie entscheidend ist für das Elternverhalten, so setzt bei Männern das Fürsorgeverhalten erst die biologischen Prozesse in Gang. Top-down bei den Frauen versus Bottum-up bei den Männern.

wenn hormone kein argument mehr sind

Was die Hormone betrifft, so sind auch in unseren Köpfen noch einige Vorurteile oder Falschannahmen verankert. Laut einer Studie von 2014 steigt beispielsweise bei Frauen während der Schwangerschaft der Testosteronspiegel um das Sechsfache.[91] Doch noch immer herrscht in unseren Köpfen die Annahme, dass Testosteron »typisch männlich« sei. Dass es Treibstoff für Dominanz, Risikobereitschaft und sexuelle Lust ist. Und obwohl neben Testosteron auch die eher den Frauen zugeschriebenen Hormone wie Oxytocin und Progesteron im Hormonhaushalt *aller* Menschen zu finden sind, führt auch diese gesellschaftliche Voreingenommenheit dazu, dass zu wenig in beide Richtungen geforscht wird und stattdessen Stereotype bekräftigt werden. Auch intersexuelle oder nichtbinäre Menschen werden viel zu selten einbezogen. Sari van Anders, Professorin für Psychologie, Geschlechterstudien und Neurowissenschaften an der Queen's University in Kingston, Ontario, konstatiert ganz klar, dass ein hoher Testosteronspiegel bei Frauen pathologisiert wird, selbst wenn die Frauen mit diesen Werten völlig gesund sind. Sie dürfen dann beispielsweise bei bestimmten Sportwettkämpfen nicht teilnehmen oder nur, wenn sie den Testosteronspiegel künstlich senken. Im Gegensatz dazu finden Männer mit sehr niedrigen Werten keinerlei Beachtung.[92]

Hierzu noch ein spannendes Experiment: In einer von Sari van Anders geleiteten Studie wurde bewiesen, dass nicht nur Hormone (in dem Fall Testosteron) Triebkraft für geschlechtsspezifisches Verhalten sind, sondern dass es auch umgekehrt funktioniert: Geschlechtsspezifisches Verhalten kann den Hormonspiegel beeinflussen. Hier waren wir zunächst verblüfft. Wie soll das denn funktionieren?

Die Probanden in dieser Studie waren ausgebildete Schauspieler*innen, bei denen vor und nach der Aufführung der Testosteronwert gemessen wurde. Ihre Aufgabe auf der Bühne war es, einen Monolog zu sprechen, in dem sie bewusst »männlich« auftreten sollten. Viel Raum einnehmen, Macht demonstrieren, wenig lächeln, dominante Körperhaltung. Das Ergebnis von van Anders' Studie ist faszinierend: Im Hormonhaushalt der Männer tat sich nicht viel, bei den Frauen allerdings stieg der Testosteronspiegel nach der »männlichen« schauspielerischen Darbietung signifikant an![93]

Und wir sind noch über eine weitere bemerkenswerte Untersuchung gestolpert, die verdeutlicht, wie sehr unser Verhalten und unsere Erfahrungen auch hormonelle Veränderungen hervorrufen können, die dann wiederum unser Verhalten beeinflussen. Wir haben bereits geschildert, dass Eltern einen vergleichbaren Oxytocinwert haben, wenn sie mit ihren Kindern zusammen sind. Und auch aus der Tierwelt ist bekannt, dass sowohl weibliche als auch männliche kinderlose Tiere einen veränderten Hormonspiegel aufweisen, wenn sie engen Kontakt mit Babys pflegen.

Aber das Ergebnis der Untersuchung, die von 2003 bis 2006 in Australien stattfand, hat uns wirklich erstaunt. Hier sollten mehr als tausend Mädchen im Teenager-Alter an ihren Schulen an sogenannten Babysimulator-Kursen teilnehmen. Die Aufgabe der Mädchen war es, sich um Hightech-Babypuppen zu kümmern, die ziemlich realitätsgetreu sowohl ihre emotionalen Bedürfnisse äußerten als auch jene, die Magen und Darm betreffen. Das Ziel dieser Aktion war eigentlich, die Teenie-Mädchen von einer frühen Schwangerschaft abzuhalten. Das Experiment ging aber gründlich schief – die Mädchen mit der Hightech-Puppen-Babysitter-

Erfahrung wurden mit wesentlich höherer Wahrscheinlichkeit schwanger als die Vergleichsgruppe.[94]

Zurück zu van Anders' Studien bezüglich des manipulierbaren Hormonhaushalts. Ihre Untersuchungen bringen außerdem noch das männliche Pendant zum »Heiligen Mutterzorn« ins Gespräch. Über die hormonausgelöste, schützende Aggression, die Mütter oftmals in der postpartalen Phase haben, haben wir bereits berichtet. Laut van Anders steigt bei Vätern der Testosteronspiegel, wenn sie Säuglingsschreie hören, was die Forschenden mit einer Motivation zur Fürsorge in Verbindung bringen. Überraschenderweise erhöht sich – insbesondere bei erfahrenen Vätern – aber auch signifikant der Prolaktinspiegel, ein Hormon, das eigentlich in Verbindung zum Stillen steht und stressmindernd ist.[95] Wie bei den Müttern scheint dies der Verteidigung des Nachwuchses zu dienen. Irren wir uns, oder werden die Unterschiede zwischen Mutter und Vater immer rarer? Und möglicherweise auch generell zwischen den Geschlechtern? Die israelische Neurowissenschaftlerin Daphna Joel zeigt in ihrem 2019 erschienenen Buch *Das Gehirn hat kein Geschlecht*, dass es überhaupt kein typisches Frauen- oder Männergehirn gibt. Belege dafür finden sich bei der Forschung an Ratten. So fanden Forscher*innen zwar heraus, dass sich das weibliche Rattenhirn im Vergleich zum männlichen im Hippocampus tatsächlich minimal unterscheidet. Allerdings genügt schon eine kurze Zeitspanne von Stress, um aus weiblichen Merkmalen männliche werden zu lassen und ebenso andersherum. Jedes Gehirn ist also ein einzigartiges Mosaik aus weiblichen und männlichen Eigenschaften.[96] Ziemlich ver-rückt.

sensibilisierung ist eine entscheidung

Als wir die Zweifachmama Steffi auf dem Spielplatz kennenlernen, erzählt sie uns von einem Phänomen, das uns sehr bekannt vorkommt:

> **»Was mich wirklich genervt hat, waren die Nächte. Noch nicht mal, dass Jonas stündlich wach wurde. Mich ärgerte vor allem, dass mein Mann *nie* wach wurde. Also dieser Kerl, der schon immer bei jedem Knarzen in unserer Wohnung wie ein Ninja-Kämpfer aufrecht im Bett stand. Selbst wenn ich trotzig versuchte, möglichst viel Lärm zu machen, änderte das rein gar nichts. Er schlief einfach seelenruhig weiter. Das hat mich echt so wütend gemacht.«**

Ruth Feldman, die leitende Forscherin der israelischen Studie mit den homosexuellen Vätern, sieht den Mandelkern in unserem Gehirn als treibende Kraft hinter diesem Phänomen. Der Mandelkern (Amygdala) ist als Bestandteil des limbischen Systems unter anderem zuständig für die Analyse möglicher Gefahren. In einem Interview erzählt sie: »Mütter schlafen mit einem geöffneten Mandelkern, das heißt, sie sind auch im Schlaf immer auf der Hut, was ihre Babys betrifft, während Väter mit einem geschlossenen Mandelkern schlafen.«[97] Diese intensive Aktivierung der Mutter hinsichtlich der Signale ihres Babys bleibt ein Leben lang. Feldman erzählt lächelnd von ihrer längst erwachsenen Tochter in Indien. »Glauben Sie mir, mein Mandelkern ist jede Nacht weit geöffnet.« Die Väter können gut schlafen, weil sie wissen, dass die Frauen neben ihnen wachsam sind. Das erklärt wissenschaftlich, warum Mütter sich nachts oft allein verantwortlich fühlen. Aber auch hier zeigen die Studien mit den Papas als Hauptbezugspersonen: Väter können – wenn sie wollen – ihren Mandelkern aktivieren. Es ist eine bewusste Entscheidung. Dies beobachten auch viele Elternpaare, wenn das zweite Kind kommt.

Steffi berichtet uns weiter:

» Besser wurde das eigentlich erst, als unser Zweitgeborener mit im Team ›Wir-machen-die-Nacht-zum-Tag‹ war. Da ich auch dieses Mal wieder gestillt habe, war nachts in erster Linie mein Mann verantwortlich für unseren Großen. Und siehe da, plötzlich hat er ihn gehört. Und sogar oft schon lange vor mir. Ich weiß noch, wie erleichtert ich war, diese Verantwortung jetzt endlich teilen zu können. Loslassen zu können. «

Steffis Erfahrung nach der Geburt ihres zweiten Sohnes zeigt nochmals eindrücklich, dass Väter sich dazu entscheiden können, verstärkt auf die Signale ihres Kindes zu hören. Diese Möglichkeit muss ihnen allerdings bewusst sein, um sich selbst als »kompetenten Vater« wahrzunehmen.

Als wir über Social Media um Erfahrungen in der Elternzeit baten, schrieb uns Michaela. Ursprünglich wollte sie kurz nach der Geburt ihrer Tochter wieder stundenweise arbeiten, kehrte aber wenige Wochen später doch wieder zurück in die Elternzeit.

» Für meinen Mann Axel und mich war von vornherein klar, dass wir gemeinsam für unser Baby sorgen werden. Wir leben schon immer in

einer sehr gleichberechtigten Beziehung, auch was alle Tätigkeiten im Haushalt betrifft. Beide haben wir einen Job, den wir wirklich gern mögen, und wir wollten uns nach dem Wochenbett die Elternzeit aufteilen. Jeder reduzierte auf 20 Stunden, sodass immer einer von uns bei Marie sein konnte. Unsere Arbeitgeber haben uns hier super unterstützt, und die Familie stand hinter uns. Also wirklich gute Voraussetzungen! Ich pumpte schon im Wochenbett immer wieder ab, sodass unsere Tochter sich daran gewöhnte, das Fläschchen zu nehmen. Auch das klappte wunderbar. Egal ob bei mir oder Axel. Nach dem Wochenbett fing ich also wieder an zu arbeiten, der Kühlschrank immer gut gefüllt mit Muttermilch. Leider kam dann doch irgendwie alles ganz anders, denn schon nach wenigen Wochen stellte sich heraus, dass Marie eine starke Vorliebe für mich entwickelt hat. Bei Axel schrie sie sehr viel, verweigerte sogar zum Teil das Fläschchen. Marie wollte einfach mich – trotz unserer ganzen Pläne. Letzten Endes sprach ich dann mit meinem Arbeitgeber, nahm wieder Elternzeit und blieb daheim bei unserem Kind. Mutter Natur konnten wir anscheinend doch nicht überlisten. «

Michaela und Axel sind kein Einzelfall. Wir haben mit vielen Müttern gesprochen, die zwar völlig erschöpft sind, sich aber dennoch weiter primär um ihre Babys kümmern, weil der Vater vom Kind abgelehnt wird. Es kommt häufig vor, dass Babys eine Person, oft die Mutter, bevorzugen. Dies ist eine Situation, die für beide Eltern nur schwer erträglich ist. Ein Elternteil fühlt sich zurückgestoßen, ungeliebt vielleicht, der andere trägt noch mehr Verantwortung auf seinen Schultern. Aber diese Vorliebe des Kindes für ein Elternteil lässt sich erklären, und damit erhalten wir nicht nur einen ganz anderen Blickwinkel auf die Situation, sondern direkt auch einen Lösungsweg.

Forschende der University of Toronto sind diesem häufig auftretenden Phänomen genauer nachgegangen. Hierzu spielten sie jungen Eltern zwei Tonbänder vor. Auf einem waren die Schreie eines frischgeborenen Babys zu hören, das gerade aufgewacht war und gefüttert werden wollte. Auf dem anderen hörte man die ungleichmäßigen und sehr beunruhigenden Schreie eines neugeborenen Jungen, der beschnitten wurde. Während die Eltern sich beides anhörten, wurden ihre Hormonwerte (Cortisol, Testosteron und Prolaktin) gemessen. Bei den Schreien des beschnittenen Babys, also der akuten körperlichen Qual, reagierten Väter und Mütter gleichermaßen alarmiert. Bei den Schreien des sich unwohl fühlenden Babys, das nach Nahrung und/oder Nähe verlangte, reagierten die Mütter schneller.[98] Nicht, weil sie die besseren Fürsorgepersonen sind, sondern weil sie aufgrund ihrer Muttertät bereits sensibilisiert worden waren. Das bedeutet nicht, dass der Kindsvater weniger in der Lage wäre, sich um das Baby zu kümmern, sondern dass das Baby lernt: »*Wenn ich mich melde, ist Mama immer zuerst da. Das finde ich toll.*«

Auch hier möchten wir nochmals auf die Studie mit den homosexuellen Vätern hinweisen. Ihr Hirn reagierte in den Beobachtungen nämlich exakt so wie das der Mütter – sie waren in gleichem Maße alarmiert. Das ist allein der Tatsache geschuldet, dass jene Männer bewusst die Rolle der primären Bezugsperson einnahmen. Es ist also eine Entscheidung, sich zu sensibilisieren. An dieser Stelle möchten wir Axel nicht unterstellen, dass er sich nicht bewusst dazu entschieden hat. Denn das tat er. Aber vielleicht fehlte ihm schlichtweg das Wissen, dass Elternschaft eine Entwicklungsphase ist. Und dass auch seine Sensibilisierung Zeit braucht. Mit dem Vertrauen, dass Maries Präferenz für Michaela nicht statisch ist, hätten sie dem Ganzen vielleicht noch ein bisschen mehr Zeit gegeben.

Die aktuelle Hirnforschung an Vätern ist nicht nur eine Revolution für die Betrachtung der Elternschaft. In den letzten Jahrzehnten hat sich das Vaterbild in unserer Gesellschaft enorm geändert. Väter durften plötzlich mit in den Kreißsaal, ihre Präsenz in der Familie wurde als immer wichtiger angesehen, was auch ihr Verhalten änderte. Während in der Generation unserer Großeltern Väter noch nicht einmal den Kinderwagen schoben, ist heute ein Mann mit einem Säugling in der Babytrage ein völlig normales Bild.

Der gesellschaftliche Wandel der letzten 30 Jahre setzt bemerkenswerte Veränderungen im väterlichen Gehirn in Gang. Insofern ist das Vatergehirn aus evolutionärer Perspektive das spannendste Forschungsfeld überhaupt.[99]

Und neben dem entwicklungsgeschichtlichen Forschungsgedanken ist es auf persönlicher Ebene vor allen Dingen eines: eine Befreiung. Eine Befreiung für Mütter, Väter und Adoptiveltern. Es gibt nicht nur einen Weg für Familien. »Bindung schießt nicht ein wie die Muttermilch«, so Herbert Renz-Polster, deutscher Kinderarzt, Wissenschaftler und Autor.[100] Sie ist vielmehr eine bewusste Entscheidung. Und das wird natürlich besonders deutlich bei den homosexuellen Vätern. Denn bei ihnen gibt es keine versehentliche Schwangerschaft, sie wurden nicht überrumpelt: Sie haben sich mit Hirn und Herz *entschieden,* lieben zu lernen.

»Elternwerden ist wie ein Muskeltraining. Schwangerschaft und Geburt sind das Warm-up.«

ist das jetzt noch instinktiv oder schon erlernt?

Egal mit welchen Neurowissenschaftler*innen wir im Rahmen dieses Buches gesprochen haben, wie viele Studien und Bücher wir zu diesem Thema in den letzten Jahren gelesen haben, wir kommen immer wieder bei diesem Punkt an: Menschen sind höchst komplex. Unsere Gehirne sind höchst komplex und das Leben sowieso. Unsere Umwelt ist eine Gleichung mit so vielen Variablen, und die Neurowissenschaft über das Elternsein steckt noch immer in den Kinderschuhen. Die Journalistin und Autorin Chelsea Conaboy vergleicht die Forschung über das Elterngehirn mit einem Vierjährigen, der uns mit seinen Warum-Fragen Löcher in den Bauch fragt, für die wir zum Teil noch keine hinreichenden Antworten haben. Aber eines ist bereits klar:

> **» Das bestehende Wissen um das Elternhirn lehrt uns, dass alle Menschen, die sich aktiv dafür entscheiden, Zeit mit einem Kind zu verbringen, Veränderungen in ihrer Hirnstruktur erleben. Dieser neuronale Umbau hilft ihnen, optimal auf die Bedürfnisse des kleinen Menschen einzugehen und eine sichere Bindung aufzubauen. Und es ist völlig egal, ob wir selbst 24 Stunden in den Wehen liegen, 24 Stunden unsere Partnerin auf dieser anstrengenden Zielgerade begleiten oder täglich stundenlang für unser Adoptiv- oder Bonuskind da sind. «**

das baby als taktgeber – der tanz zwischen eltern und kind

Wenn wir davon sprechen, wie sehr Erfahrung und Umweltfaktoren die Elternschaft prägen, sollten wir an dieser Stelle nun eine der Hauptpersonen näher betrachten: das Baby. Neugeborene verändern das Leben ihrer Eltern mit dem ersten Atemzug. Und streng genommen beginnen sie damit schon im Mutterleib. Denn noch vor der Geburt nehmen die kleinen Wesen dramatisch Einfluss auf die Schlaf-, Ess- und Lebensgewohnheiten ihrer Mütter und Väter. Wenn die Kleinen dann auf der Welt sind, verändern sie ihre Mütter sogar so sehr, dass diese beginnen, an der Kasse rhythmisch von einem Bein auf das andere zu wechseln, um ein Baby, das gar nicht dabei ist, zu beruhigen.

Sind Eltern mit ihren Kindern zusammen, entsteht tatsächlich eine Art Tanz. Dieses Zusammenspiel nennt die Neurobiologin Ruth Feldman »biobehaviorale Synchronie«, also sowohl ein gegenseitiges Anpassen des Verhaltens (behavior) als auch die wechselseitige Abstimmung der Hormone, der Hirnaktivitäten und sogar des Herzschlags (bio). Um Letzteres zu testen, wurde bei Müttern und ihren drei Monate alten Säuglingen der Herzrhythmus während einer direkten Interaktion gemessen, und siehe da, innerhalb von weniger als einer Sekunde synchronisierten sich die beiden, und ihre Herzen schlugen im selben Takt.[101] Und das, obwohl das Herz eines Babys im Normalfall eigentlich viel schneller schlägt als das von Erwachsenen. Im Übrigen wurde dies bei Vätern und ihren Kindern ebenfalls beobachtet.[102] Hier existieren bisher allerdings nur Studien mit Kindern im Vorschulalter.

Dieser beeindruckende Tanz zwischen Eltern und Kind kann ausgelöst werden durch Berührungen, aber auch durch ein Lächeln oder andere nonverbale Kommunikationswege. Das scheint tatsächlich von Kultur zu Kultur ganz unterschiedlich zu sein. Und schon wieder suchen wir vergebens nach einem mutter- oder elternspezifischen Instinktverhalten. Heiß diskutiert und als eine Art Beweis für stereotypes Mutterverhalten herangezogen wurde lange Zeit der sogenannte »Baby Talk«, also jene hohe Stimmlage, in die Mütter oft verfallen, wenn sie mit ihren Babys sprechen.[103] Allerdings scheint dem mütterlichen Instinkt hier entgegenzustehen, dass Frauen dieses Verhalten in der Regel auch jedem anderen Menschen mit Kleidergröße 56 zuteilwerden lassen, selbst wenn keine Blutsverwandtschaft besteht. Und auch Väter – und sogar Kinder – beherrschen diesen Singsang sehr gut.

Was beim Tanz zwischen Eltern und Kind kultur- und generationsübergreifend bleiben wird: Kinder sind wie ein heftiger Wirbelsturm, der über die Eltern hinüberfegt und diese entsprechend verändert. Und auch das beginnt schon im Mutterleib. Denn es ist nicht nur der Stresslevel der *Mutter*, der den Herzschlag des Ungeborenen in die Höhe schießen lässt, es geht auch andersherum. Janet DiPietro, Professorin an der Johns Hopkins University, hielt ihre Entdeckung erst für einen Fehler und zog schon in Erwägung, dass die Statistiker lediglich die X-Achse mit der Y-Achse verwechselt hatten.[104] Doch weit gefehlt: Nur wenige Sekunden nach jeder Regung des Fötus reagierte der Körper der Mutter mit einer Erhöhung der Herzfrequenz und des Hautleitwerts, einer Größe, die angibt, inwieweit die Erregung die Schweißproduktion ankurbelt.[105] Zur Überprüfung entwickelte DiPietro einen neuen Versuch, bei denen die hochschwangeren Probandinnen eine Maske für die Augen und schalldichte Kopfhörer bekamen.[106] Ein Mitglied des Forschungsteams machte anschließend nur wenige Zentimeter über den Bäuchen der Mütter ordentlich Krach, was die von der Außenwelt abgeschnittene Schwangere nicht hören konnte. Sehr wohl aber die Ungeborenen. Damit konnten die Wissenschaftler*innen live verfolgen, wie die Baby-an-Mama-Botschaften das mütterliche Nervensystem erreichten.[107] Und zwar ohne, dass die Mütter es bewusst registrierten.

Diese Art und Weise der Babys, sich Aufmerksamkeit bei ihren Müttern zu verschaffen, wird unter Fachleuten auch »maternal programming« genannt, also mütterliches Programmieren. Und dieses Programmieren geht weit darüber hinaus, nur die Herzen im selben Takt schlagen zu lassen. Sie beeinflussen uns zum Beispiel auch über die Hormonausschüttung der Plazenta. Dies variiert von Schwangerschaft zu Schwangerschaft und ist – wer hätte es gedacht? – abhängig vom Vater des Kindes.[108] Die Plazenta ist nach wie vor ein ziemlich unterforschtes und selten diskutiertes menschliches Organ, das noch immer unterschätzt wird und in den meisten Fällen direkt nach der Geburt entsorgt wird. Früher ging man davon aus, dass die Plazenta – als ein externes Organ des Fötus – die identische DNA haben müsste wie das Kind.

Fifty-fifty aufgeteilt zwischen dem väterlichen und mütterlichen Anteil.[109] Denn in jeder unserer Zellen befindet sich sowohl die vollständige Erbinformation, die wir von der Eizelle unserer Mutter erhalten haben, als auch die, die aus den Samenzellen unseres Vaters stammt. Jedes Chromosom ist also in zwei Varianten in unserem Erbgut vorhanden (zweifacher Chromosomensatz), und in der Regel sind auch beide Varianten aktiv. Allerdings kommt es in sehr seltenen Fällen zum Phänomen der genomischen Prägung, was bedeutet, dass nur das von der Mutter oder dem Vater stammende Erbgut aktiv ist.[110] In der Plazenta – das ist mittlerweile wissenschaftlich erwiesen – tummeln sich außergewöhnlich viele männlich geprägte Erbinformationen, die sich nach Meinung der Evolutionsforscher*innen mit dem mütterlichen Erbgut eine kleine Schlacht liefern. Die Plazenta – unter väterlicher Kontrolle – verschafft sich sogar Zugriff auf das mütterliche Gehirn, indem sie das Zwischenhirn (genauer gesagt den Hypothalamus und die Hypophyse) »beauftragt«, die Progesteronausschüttung in den Eierstöcken ordentlich anzukurbeln, damit die schwangerschaftsverhindernde Monatsblutung ausbleibt.[111] Auch die verrückten Essensgelüste, die Schwangere manchmal an den Tag legen, entstammen dem Kommando der väterlich geprägten Plazenta. Insofern sollte es auch vertretbar sein, den zukünftigen Papa abends um 22 Uhr noch loszuschicken, um an der Tankstelle Vanilleeis und Silberzwiebeln zu holen.

Neben dem Mutter-Vater-Konflikt in der Plazenta scheint auch die Mutter-Kind-Einheit nicht ganz so harmonisch zu sein, wie man annehmen könnte. Denn für das mütterliche Immunsystem ist der Embryo zunächst ein Fremdkörper, den es versucht abzustoßen.[112] Daher bleibt auch nur ein

Bruchteil aller Schwangerschaften erhalten.[113] Glücklicherweise schaltet sich aber irgendwann der Fötus als eine Art Mediator ein und sondert Enzyme ab, die das Immunsystem der Mutter ein Stück weit lahmlegen. Dadurch ermöglicht er sich selbst seinen eigenen Schutzraum[114] und beschert seiner Mutter leider den einen oder anderen lästigen Infekt.

von misch- und fabelwesen

Dass wir die Hälfte unserer DNA von unserer Mutter geerbt haben, können wir vermutlich an unserem eigenen Spiegelbild erkennen. So behalten wir alle ein Leben lang etwas von unserer Mutter in uns.[115] Allerdings scheint es in der Schwangerschaft – zelltechnisch betrachtet – wie auf dem Marktplatz zuzugehen, denn überraschenderweise ist dies auch umgekehrt der Fall: Jede Mutter trägt unter ihren 100 Billionen Zellen auch einige ihres Nachwuchses in sich, die dort über Jahrzehnte hinweg ein Eigenleben führen können.[116] Selbst bei verstorbenen alten Damen ließen sich im Gewebe vieler Organe noch wanderlustige Stammzellen ihrer Kinder finden.[117] Dieses Phänomen nennt man Mikrochimärismus, abgeleitet von der griechischen Chimäre, einem Fabelwesen mit Löwenkopf, Ziegenkörper und Schlangenschwanz. Auf unsere Thematik übertragen bedeutet dies: Wir sind alle – zumindest auf Zellebene – Mischwesen aus Mutter und Kind.

Was diese mystische oder auch romantische Vorstellung einer Mutter-Kind-Zellverbundenheit etwas schmälert, ist die Tatsache, dass dieser Zellhandel für die Mütter nicht immer von Vorteil ist. So gehen Wissenschaftler*innen bislang davon aus, dass diese kindlichen Zellen nicht ganz unbeteiligt sind am Auftreten einer Autoimmunerkrankung der Mutter oder sogar an Krebs oder Herzinfarkten.[118] Außerdem können sie beispielsweise die Schilddrüse überschwemmen oder uns richtig einheizen, damit es für sie kuschelig warm ist. Die Mütter hätten dafür sicher großes Verständnis, würden sich dadurch nicht allerlei Stoffwechselprobleme ergeben.[119] Auch das Geschlecht des Ungeborenen ist mitverantwortlich für die Entwicklung von Schwangerschaftskomplikationen oder vielmehr das Risiko, solche zu entwickeln.[120] Während Frauen, die einen Sohn erwarten, anfälliger sind für Schwangerschaftsdiabetes, Fehl- und Frühgeburten sowie Kaiserschnitt, besteht bei der Schwangerschaft mit einem Mädchen ein erhöhtes Risiko, eine Präeklampsie (Schwangerschaftsvergiftung) zu entwickeln.[121] Besonders alarmierend fanden wir die Erkenntnis der Wissenschaft, dass das Risiko, an einer postpartalen Depression zu erkranken, über 70 Prozent höher ist, wenn Frauen Söhne gebären (laut Studie 71 bis 79 Prozent). Forschende vermuten, dass dies mit den nachweislich höheren Entzündungswerten der Frauen aufgrund einer Immunreaktion einhergeht. Wenn zusätzlich noch eine Geburtskomplikation auftritt, so erhöht sich die Wahrscheinlichkeit, an einer Depression zu erkranken, um sage und schreibe 174 Prozent![122]

Der Forschung sind aber auch positive Aspekte des Mikrochimärismus bekannt. In der Schwangerschaft soll es einen Zusammenhang zwischen der Menge an fetalen Zellen im Blut der werdenden Mütter und einer Symptommilderung bei bestehenden Autoimmunerkrankungen geben.[123]

Besonders berührt hat uns die Studie von Dr. Hina

Chaudhry von der Mount Sinai School of Medicine in New York. Jedes Jahr werden viele Frauen mit einer plötzlich auftretenden, stark lebensbedrohlichen Herzschwäche in die Notaufnahmen gebracht, die zum Ende der Schwangerschaft oder im ersten halben Jahr nach der Entbindung auftritt. Die Ursache für das Auftreten dieser Erkrankung ist bislang noch unbekannt.[124] Bei etwa der Hälfte der Frauen kommt es zu einer spontanen Erholung und damit zur höchsten Heilungsrate dieser schweren Erkrankung. Chaudhry wies in ihrer Studie[125] nach, dass bei jenen Frauen, die sich erholen, bereits während der Schwangerschaft fetale Zellen in den mütterlichen Herzmuskel wandern und – das ist das Unglaubliche – dort offenbar gezielt verletzte Bereiche des Mutterherzens anvisieren, um diese zu reparieren. Hier hatten wir beim Recherchieren wirklich Gänsehaut. Wieder ein »Mütterforschung ist Menschenforschung«-Moment! Denn Erkenntnisse wie diese haben weitreichende Auswirkungen auf das Wissen um die Regeneration bei Herzerkrankungen *aller* Menschen.

Auch im weniger emotionalen Kontext erweist sich der Zellhandel als außerordentlich praktisch. Forschende vermuten, dass kindliche Zellen sogar ins Narbengewebe von Kaiserschnitten wandern, um dort die Wundheilung zu unterstützen.[126] Kinder und Wundheilung – das wird auch durch unsere Erfahrung im Alltag gestützt. Unser Nachwuchs kann toben und streiten, als ob es kein Morgen gäbe. Wenn wir Mütter uns aber ernsthaft verletzen, verwandeln sie sich doch meist in kleine Helferlein. Pusten auf unsere Quetschungen oder Verbrennungen, sausen ins Kinderzimmer, um den Arztkoffer zu holen, und wollen einfach für uns da sein.

Was uns ebenfalls sehr bekannt vorkommt aus dem Leben

mit Kindern: Geschwisterrivalität. So wundert es uns nicht, wenn einige Evolutionsbiolog*innen vermuten, dass sich unterschiedliche Babyzellen im Körper von Mehrfachmüttern gern mal einen erbitterten Kampf liefern.[127]

Unsere Kinder werden aber nicht nur zu Rivalen, wenn es um den Lieblingsplatz vor dem Fernseher geht, die Ninjago-Sammelkarte oder darum, wer Erster an beliebig vielen Orten ist. Oftmals buhlen sie vor allen Dingen um eins: die elterliche Liebe. Zumindest den Kindern also scheint bewusst zu sein, dass die Liebe ihrer Eltern nicht auf Knopfdruck abrufbar ist, nicht instinktiv, sondern manchmal auch verhandelbar und dynamisch. Und dieses Buhlen lässt sich wissenschaftlich begründen.

eltern haben ein lieblingskind? niemals! oder doch?

Seit einigen Jahren ist Favoritismus, wie die Forschung über Lieblingskinder bezeichnet wird, in etwa so populär wie die Suche nach dem Higgs-Teilchen in der Physik.[128] Einige Eltern werden möglicherweise nun kurz innehalten. Nicht ohne Grund, denn laut Wissenschaftsjournalist Jeffrey Kluger haben praktisch alle Eltern ein Lieblingskind. Dies verkündete Kluger in seiner Titelgeschichte im amerikanischen *Time Magazine* »Warum deine Mutter dich am liebsten mochte – die Wissenschaft über Bevorzugung«. Sein Buch über Geschwisterforschung löste eine große Debatte über Lieblingskinder aus. Auch die amerikanische Soziologiedozentin Katherine Conger widmete sich dem Tabuthema und beobachtete 384 Geschwisterpaare und ihre Eltern über drei Jahre hinweg. Hierbei kam sie zu dem Ergebnis, dass etwa 70 Prozent der Väter und 65 Prozent der Mütter eine Vorliebe für das eine oder andere Kind zu haben scheinen.[129] Bei den Vätern sei es meist das jüngste Mädchen, bei den Müttern der älteste Junge.[130] Für Jeffrey Kluger steht aber fest, dass dies nur die Spitze des Eisbergs ist. Denn für Eltern ist es hier kaum möglich, wirklich ehrlich zu sein. Auch wenn es den einen oder anderen emotional sehr entlasten würde. Favoritismus ist tatsächlich so alt wie der Darwinismus in der Natur. Alle Eltern behandeln ihre Kinder auf unterschiedliche Art und Weise, und die Gründe dafür sind vielfältig. Das eine Kind ist vielleicht krank und braucht mehr Aufmerksamkeit. Oder es ist eben das gesunde Geschwisterkind, das wir aufgrund seiner Unkompliziertheit als sehr entspannend empfinden. Vielleicht ist das Kind ein Verbündeter im Kampf gegen den/die Partner*in, vielleicht ist es uns besonders ähnlich oder eben ganz anders als wir. Vielleicht ist unser Lieblingskind auch einfach netter zu uns. Es gibt so viele Gründe, die unterschiedliches Empfinden auslösen können. Der Schweizer Kinderarzt, Buchautor und Wissenschaftler Remo Largo ging sogar so weit, zu sagen, dass es ungerecht wäre, alle Kinder gleich zu behandeln, weil jedes Kind ein einmaliges Wesen ist.[131] Wie mit diesem Gefühl umgegangen werden soll, da scheiden sich die Geister. Während Kluger dafür plädiert, diese Tatsache für sich zu behalten, sieht der Schweizer Familientherapeut Jean-Luc Guyer die Sache anders. »Man darf das thematisieren. Die Kinder spüren diese Unterschiede; und sie verstehen auch, dass es verschiedene Beziehungen gibt.«[132]

Im Grunde genommen ist dieses Wissen um die »Normali-

»Mütterverhalten ist immer ein komplexes Zusammenspiel und daher höchst individuell. Die ›perfekte Mutter‹ kann es nicht geben.«

tät« all dieser Gefühle sehr entlastend. Ebenso das Wissen um Phasen. Denn es braucht wohl keine wissenschaftlichen Studien, die uns erklären, dass wir mit der pausbäckigen Zweijährigen, die uns mit lachenden Augen und ausgestreckten Ärmchen begrüßt, intuitiv lieber Zeit verbringen als mit dem Teenager, dessen Türschilder an seinem Zimmer uns schon klar zu verstehen geben, dass auf unsere Meinung und Gesellschaft derzeit äußerst wenig Wert gelegt wird. Aber auch das hat seine Zeit. Nur wenige Jahre später kann das Blatt sich wieder wenden.

bindung ist teamarbeit

Dieses Kapitel sollte aufzeigen, wie sehr Eltern und Kinder miteinander verbunden sind. Und dass es keine mystische Verbindung ist, ausgelöst durch die Geburt, sondern ein Zusammenspiel von beiden Seiten. Babys animieren ihre engsten Bezugspersonen dazu, all ihre Ressourcen einzusetzen, um die kindlichen Bedürfnisse zu verstehen und zu erfüllen. Und diese sind sowohl von Baby zu Baby als auch von Tag zu Tag sehr unterschiedlich. Das erfordert Wissen. Und Training.

Besonders eindrücklich wird das bei Frühchen, die in der Regel viel weniger in der Lage sind, ihre Bedürfnisse durch Schreien, Greifen oder Kopfdrehen zu signalisieren. Meistens besteht auch noch kein wirklich erkennbares Ess- und Schlafverhalten.[133] Hier sind die Eltern also ganz besonders gefragt. Wir haben selbst schon viel Zeit mit einem Kind auf der Intensivstation verbracht. Standen genau wie die anderen

Eltern zunächst völlig hilflos und nach Wochen der Erfahrung zusehends routinierter an diesen kleinen piepsenden Kästchen. Einer italienischen Studie[134] zufolge zeigen Mütter von Frühgeborenen eine höhere Aktivierung in den Hirnregionen, von denen man annimmt, dass sie an der Entschlüsselung von Gesichtsausdrücken oder sozial relevanten Hinweisen beteiligt sind. Die Gehirne von Frühchenmüttern reagieren also auf die begrenzten Hinweise ihrer Sprösslinge höchst effizient. Jene Mütter legen ein noch größeres Engagement an den Tag, die Hinweise ihrer verletzlichen Babys lesen zu lernen, um ihre Bedürfnisse befriedigen zu können und schlussendlich das kindliche Überleben zu fördern.[135] Damit werden sie zu Expertinnen ihrer Neugeborenen, vielmehr als das auf den Stationen arbeitende Fachpersonal. Manche Mütter können in den Gesichtern ihrer Babys sogar lesen, dass gleich ein Alarm ausgelöst wird, weil Herzfrequenz oder Sauerstoffgehalt im Blut unter einen Normwert fallen.[136] Auch dies ein wunderbares Beispiel der Mutter-Kind-Dyade. Das ist faszinierend und fühlt sich – das berichteten uns Mütter – manchmal tatsächlich magisch an. Aber diese Verbindung zwischen Mutter und Kind, die oftmals als eine Art Zauber dargestellt wird, ist in Wahrheit eine Verbindung zwischen Eltern und Kind. Denn zu diesem Zauber ist nicht nur das mütterliche, sondern das elterliche Gehirn fähig, egal ob biologische oder Adoptivelternschaft. Es sind die Eltern, deren Hirn so flexibel ist und die damit über sich selbst hinauswachsen können, um jemand anderem näherzukommen.[137] Die Studie über die Frühchen wurde nur mit leiblichen Müttern durchgeführt, interessant wäre auch hier eine Beobachtung von anderen Elternteilen.

türöffner für eine neue elternschaft

Nun haben wir in diesem Teil des Buchs ausführlich über die Muttertät und die Faszination des Elternhirns geschrieben. In unseren Breitengraden ist es am wahrscheinlichsten, dass die Mutter nach der Geburt zunächst die primäre Betreuungsperson des Kindes wird,[138] was oft schon allein am Stillen liegt. Dies stellt aber keine unwiderrufliche Vorschrift dar. Zumal auch jedes Säugetierbaby überall bereitwillig Milch trinken würde, wo es gelernt hat, welche zu bekommen – eine entlastende Nachricht für all die Mütter, die nicht stillen können oder möchten. Denn natürlich erkennen Babys die mütterliche Brust, aber Nahrung suchen sie letzten Endes überall dort, wo sie sich sicher und geborgen fühlen und wissen, dass sie mit Nahrung belohnt werden. Anders ist es auch nicht erklärbar, warum Babys relativ schnell kapieren, dass sich aus einem kiefergerechten Latexsauger mit deutlich weniger Aufwand leckere Milch saugen lässt als aus Brüsten.[139] Es ist also in keiner Weise vorbestimmt, dass ein Kind für eine optimale Entwicklung primär an seine Mutter gebunden ist oder sein muss. Das Schöne daran ist, dass Babys ebenfalls eine Wahl treffen. Säuglinge entwickeln eine leidenschaftliche Vorliebe für Menschen, die es gut mit ihnen meinen. Die ihnen Sicherheit, Geborgenheit und Nahrung geben.[140] Außerdem bringt der Säugling schon qua Geburt fundamentale Überlebensinstruktionen mit, die nicht nur lauten »Binde dich an deine Bezugsperson«, sondern auch »Gefalle ihr«.[141] Und sollte dieser Mensch auch nur im Geringsten hadern, scheinen Babys wild entschlossen zu sein, Überstunden zu machen, um die elterliche Aufmerksamkeit auf sich zu ziehen.[142] Eltern kennen das gut.

Jedes Kind ist und bleibt also ein Überraschungsei und prägt nicht nur unsere Gesundheit, sondern auch unser Elternverhalten wie Schlafgewohnheiten, Lächelfrequenz und sogar den Wunsch nach einer nächsten Schwangerschaft. Oder eben auch nicht.[143] Und die Eltern prägen wiederum ihr Kind. Mal ist das Baby der Taktgeber, mal der oder die Erwachsene. Fakt ist aber: Elternschaft ist ein Lernen, auf das wir uns einlassen müssen, egal ob biologische Eltern, Adoptiveltern oder Regenbogeneltern. Alle müssen den richtigen Umgang mit den Kleinen lernen, das Erkennen, was das Baby, das Kind und irgendwann auch der Teenager braucht. All dieses Lernen sollte stets mit hoher Fehlertoleranz begleitet sein und bestenfalls mit einer Menge Lifehacks und Humor für den Alltag. Vor allen anderen Dingen aber brauchen Eltern Zeit. Zeit, sich »reinzulieben«.

David Haig, Evolutionsbiologe, Genetiker und Professor an der Harvard University, schreibt, dass das Familienleben in den westlichen Kulturen von verklärenden Mythen geprägt sei. Elternschaft wird zu einem Ideal erhoben und jegliche Form von Konflikt innerhalb dieses Ideals als Zeichen gewertet, dass irgendetwas falsch läuft. Doch es gibt keine perfekte Harmonie zwischen Mutter und Kind.[144] Mit dem Wissen über das elterliche Gehirn möchten wir das an dieser Stelle gern ausweiten und sagen: Es gibt keine perfekte oder bedingungslose Harmonie zwischen Eltern und Kind. Unsere Bedürfnisse konkurrieren so oft mit denen unserer Kinder. Konflikte sind also vorprogrammiert in unserem Zusammensein. Und nicht nur die sozialverträglichen Konflikte, über die Eltern mittlerweile offen mit Freunden oder in ihren Instagram-Posts sprechen. Es sind auch jene Konflikte, die schmerzhafter sind. Tiefer liegen. Hierzu wird uns ein Satz der Neurobiologin und Psychologin Ruth Feldman immer in Erinnerung bleiben: »Es ist okay als Eltern, Fehler zu machen. Die Schäden, die daraus entstehen, können repariert werden. Das ist der Prozess des Elternwerdens.«[115]

Mit diesem wundervoll entlastenden Satz verlassen wir die Hirnforschung und wenden uns dem letzten Teil dieses Buchs zu. Es folgt OURstory und warum wir besser ohne den Mutterinstinkt leben.

Die Erkenntnis, dass die Verbundenheit zwischen Baby und vertrauter Bezugsperson ein gemeinsamer Tanz ist, nimmt den Müttern endlich diesen enormen Druck, allein für die sichere Bindung und die optimale Entwicklung des Kindes verantwortlich zu sein. Es braucht nicht mehr den Glauben an den angeborenen Mutterinstinkt, wir *alle* können diese Tanzschritte erlernen. Ungeachtet unseres Geschlechts und egal, ob wir biologische Eltern sind oder nicht. Denn wir haben die großartigsten Lehrer*innen überhaupt an unserer Seite: unsere Kinder.

Teil 3

Leben in einer Gesellschaft ohne Mutterinstinkt

OURstory

OURstory

elternschaft neu denken

Sowohl unsere Historie als auch die Erkenntnisse aus der Neurowissenschaft konnten die Existenz eines angeborenen Mutterinstinkts widerlegen. Dies war wichtig und längst überfällig. Denn wenn wir in Zukunft alle in dem Wissen leben, dass es keine allein dem weiblichen Geschlecht zugewiesene Fähigkeit gibt, besonders gut für ein Kind zu sorgen, so nimmt dies eine gewaltige Last von den Schultern der Mütter. Es zeigt, dass Elternschaft aus Learning by Doing besteht, und verteilt die Verantwortung für die gesunde Entwicklung eines Kindes auf mehrere Personen. Der Verzicht auf die Idee vom Mutterinstinkt spricht der Frau keine Kompetenz ab, sondern attestiert anderen Menschen vielmehr die Fähigkeit, eine genauso liebevolle und umsorgende primäre Bezugsperson für ein Kind werden zu können. Es befreit die Mütter von ihrem vermeintlichen Superheldinnenstatus und schenkt anderen Menschen, unabhängig von ihrem Geschlecht, von biologischer oder nicht biologischer Elternschaft die wissenschaftlich bestätigte Berechtigung, dass sie – genauso wie Mütter – in Bezug auf Elternschaft alles lernen können.

Es fehlt nun also nicht mehr an Wissen, und wir müssen uns auch keinem Entweder-oder zwischen Veranlagung und Sozialisierung stellen. Erstmals eröffnet uns die Wissenschaft nun die Möglichkeit, alte Strukturen aufzubrechen und Ideen zu entwickeln, um ein neues Rollenverständnis zu etablieren. Dies wollen wir im folgenden Kapitel in Angriff nehmen. Manchmal muss man vielleicht auch nur die richtigen Fragen stellen – und ewig Tradiertes infrage stellen. Denn für Veränderung von Bekanntem braucht es ein hohes Maß an Selbstreflexion. Wenn wir jeden Tag zur Arbeit denselben Weg nehmen und heute mal einen anderen gehen wollen, müssen wir aufmerksam sein und uns bewusst für diesen anderen entscheiden. Gewohnheiten entlasten uns, stehen aber manchmal auch nötigen Veränderungen im Weg. Einige dieser uns vertrauten Konstrukte müssen wir buchstäblich *verlernen*, um Raum für Neues zu schaffen.

Mutterschaft wurde seit jeher öffentlich diskutiert. Egal, ob der Diskurs von männlichen Aufklärern initiiert wurde oder von kritischen Follower*innen in den sozialen Medien. Schon immer stehen Mütter unter größtem Legitimationsdruck. Das liegt auch daran, dass sich in der Mutterrolle nahezu alle aktuellen Themen unserer Gesellschaft geballt abbilden: Vereinbarkeit von Familie und Beruf, Rollenverteilung, Familienmodelle, Fortpflanzung, Fürsorge, Körperbewusstsein.[1] Und eine Gesellschaft benötigt zum Überleben vor allen Dingen eines: Nachwuchs. Frauen tragen diese Kinder aus und gebären sie, daran wird sich auch in Zukunft nichts ändern. Das Wissen um die Muttertät hilft uns aber, Frauen in jener Entwicklungsphase optimal unterstützen zu können. Die Neurowissenschaft beweist außerdem eindrücklich, dass Elternschaft ein kollektives Kümmern ist. Damit können Mütter endlich entlastet werden. Dies verbessert sowohl ihr persönliches Befinden, leistet aber auch einen elementaren Beitrag, damit Kinder in einem emotional sicheren Zuhause großwerden können. Wenn wir Mutterschaft dekonstruieren und eine neue Elternidentität entwickeln, befreit das auch jene Frauen, die sich bewusst gegen Kinder entscheiden oder ungewollt kinderlos bleiben. Denn wenn Frauen keine Kinder gebären, aus welchen Gründen auch immer, sind sie deshalb alles andere als »unvollständig«.

In diesem dritten Teil wollen wir Ideen entwickeln und uns an eine mögliche Neuordnung machen, wie wir mit den Erkenntnissen aus der Neurowissenschaft Familie gleichberechtigter leben können. Was gesellschaftlich noch passieren muss und wo auch wir selbst unsere Einstellungen und Glaubenssätze reflektieren sollten. Wie sähe Elternschaft aus, wenn eine ganze Gesellschaft vom Mythos des Mutterinstinkts losließe?

eltern bekommen die zeit, die sie brauchen

Erinnern wir uns an Judith zu Beginn dieses Buchs. Sie saß uns mit ihrem Neugeborenen auf dem Arm tapfer gegenüber, in ihrem Blick jedoch Hilflosigkeit, Überforderung und das Gefühl, als Mutter zu versagen. Judith verzweifelt nicht am Muttersein. Nicht an ihren Fürsorgequalitäten und nicht an ihrem schreienden Baby. Sie verzweifelt schlichtweg an den Erwartungen, die alle um sie herum an die Mutterschaft stellen. Die Annahme, von jetzt auf gleich instinktiv alles richtig zu machen. Alles zu wissen und von Herzen zu lieben. Weil sie Mutter ist.

Mutterwerden ist aber ein Prozess über Jahre hinweg. In Wahrheit wissen wir nicht, wie lange diese Phase des Mutterwerdens wirklich andauert. Laut derzeitiger Forschung kann die anhaltende Herausforderung in der Mutterschaft ein kontinuierliches Lernen darstellen, das zwei oder mehr Jahrzehnte andauert.[2]

Mütter benötigen also Zeit, um ihre neue Identität zu entfalten und sich in ihr zu Hause zu fühlen. Manchen fällt dies leichter, anderen schwerer. Und es hat nichts mit einer angeborenen Mutterkompetenz zu tun. Bis wir wissenschaftlich erklären können, warum manche Mütter gravierendere Hirnveränderungen erleben als andere und sich damit zunächst leichter tun, eine starke Bindung zu ihrem Kind aufzubauen, nehmen wir diese Tatsache als Basis für unser Handeln an.

Dass *Zeit* einen wesentlichen Faktor darstellt für die Entwicklung eines mütterlichen Engagements und letzten Endes auch für die Liebe, ist schon lange bekannt. Die Sozialhistorikerin Rachel Fuchs stieß in ihrer Forschungstätigkeit auf ein aus heutiger Sicht völlig unmoralisches »Experiment«, das in den Jahren zwischen 1830 und 1869 in Paris an jungen Müttern gemacht wurde. Im 19. Jahrhundert war das Aussetzen von Säuglingen stark verbreitet. Häufig betraf dies Kinder, deren ledige Mütter aus der Not heraus kaum andere Möglichkeiten hatten. Frauen, die sich keine Hebamme leisten konnten, entbanden in Paris damals in La Maternité, dem wichtigsten staatlichen Wohlfahrtskrankenhaus der Region. Direkt gegenüber lag ein Kinderheim, welches der einzige Ort in der Gegend war, an dem Säuglinge legal abgegeben werden durften. Eine Gruppe französischer Sozialreformer entwickelte einen Plan, um die enorme Zahl der ausgesetzten Babys zu verringern, und verpflichtete eine Reihe von mittellosen Schwangeren, nach der Geburt acht Tage lang mit ihrem Baby zusammen zu sein.[3] Auch wenn das aufgrund der pre-

»Eine gesunde Gesellschaft zieht Müttern den Superheldinnen-Umhang aus.«

kären Situation der Frauen höchst unethisch war, zeigte jenes Experiment bemerkenswerte Ergebnisse. Denn der Anteil der Mütter, die ihre Babys nach diesen acht Tagen aussetzten, verringerte sich drastisch von 24 auf 10 Prozent.[4] Die Mütter entschieden sich also trotz ihrer verheerenden wirtschaftlichen Umstände öfter dazu, ihre Kinder zu behalten. Und das nur, weil sie Zeit mit ihnen verbracht hatten. Frauen entwickeln in der Schwangerschaft und unter der Geburt keine spontane, bedingungslose Hingabe. Ihr Engagement, sich um das Kind zu kümmern, muss herausgekitzelt werden. Und da Bindung in der Elternschaft Teamarbeit ist, benötigt es hierfür das Baby an ihrer Seite. Vor 200 Jahren wurde die Erkenntnis des sich entwickelnden Muttergefühls leider nicht weiterverfolgt, sondern stattdessen »naturwissenschaftlich« mit der Existenz des Mutterinstinkts im Keim erstickt. Die neuesten Erkenntnisse aus der Hirnforschung räumen mit diesem Mythos auf und zeigen, dass sich das Elternhirn strukturell massiv verändert, um sich an die Aufgaben der Elternschaft anzupassen. Dieser faszinierende neuronale Umbau macht jedoch auch anfällig für gesundheitliche Krisen, die sowohl Mütter als auch Väter treffen können. Allerdings scheinen die psychischen Krisen bei Männern nach jetzigem Forschungsstand deutlich schwächer ausgeprägt zu sein als bei Frauen.[5] Im Zuge dieses neuronalen Umbaus sind Mütter »die verletzlichsten Mitglieder unserer Gesellschaft«[6]. Fast alle Mütter berichten vom sogenannten Babyblues. Dieses Stimmungstief nach der Geburt gehört für die meisten dazu, so wie Wochenfluss, Unsicherheiten und Zweifel. Die Neurowissenschaftlerin Jodi Pawluski sagt hierzu ganz klar: »Es gibt so viele Irrtümer über Schwangerschaft und das Muttersein. Das größte Missverständnis ist die Vorstellung, dass es für eine Frau von

Natur aus eine glückliche Zeit ist, Mutter zu werden. Das ist es nicht.«[7] Es ist normal, nicht jede Sekunde dankbar zu sein, weil es vielleicht endlich geklappt hat. Es ist okay zu zweifeln, alles infrage zu stellen und das alte Leben ohne Kind zu vermissen. Auch das ist Teil dieser Entwicklung. Neben vorübergehenden Stimmungstiefs können allerdings auch eine ganze Reihe anderer Symptome auftreten, wie postpartale Depressionen oder Angst- und Zwangsstörungen. Jüngste Forschungsergebnisse zeigen, dass in unserer westlichen Gesellschaft etwa eine von fünf Müttern in der Schwangerschaft oder nach der Geburt eine psychische Erkrankung entwickelt, und Forschende gehen davon aus, dass die Dunkelziffer noch wesentlich höher sein dürfte.[8] Neben Depressionen oder der Unfähigkeit, Gefühle für das Kind zu entwickeln, weisen die Frauen auch häufig Angstzustände auf, die sich als ständige Sorge um das Wohlergehen des Babys oder als Selbstzweifel an der eigenen Mutterfähigkeit äußern. Die biologischen Auslöser hierfür werden von Neurowissenschaftler*innen derzeit untersucht. Einig sind sich die Forschenden allerdings schon jetzt darüber, dass die psychischen Erkrankungen von Müttern größtenteils durch psychosoziale Umstände bedingt sind. Das ist einerseits erschreckend, zeigt aber gleichzeitig auch wirksame Handlungsmöglichkeiten auf. In einer sogenannten Interventionsstudie bewies die Neurobiologin Ruth Feldman, dass Mütter, die unter postpartalen Depressionen leiden und aufgrund dessen keine Bindung zu ihrem Kind aufbauen können, dies nachträglich lernen können.[9] Diese Mütter benötigen jedoch Hilfe von außen. Feldman und ihr Team besuchten die betroffenen Mütter daher insgesamt acht Mal während des Wochenbetts in ihrem Zuhause. Sie zeigten ihnen, wie sie die Signale ihres Kindes deuten können, und brachten den Frauen bei, wie sie ihre Babys berühren sollten. Wie sie lernen können, zu verstehen, wann das Baby kommunizieren will, und wie sie es schaffen, in Verbindung mit ihrem Kind zu bleiben. Ruth Feldman erzählt sichtlich berührt: »Die Mütter haben sich im Laufe weniger Wochen komplett verändert in der Interaktion mit ihren Babys.« Und darauf folgt eine wundervolle Kettenreaktion: Je mehr sich die Mütter mit ihren Babys synchronisieren, je mehr sie sie berühren, desto mehr Oxytocin schütten sie aus.[10] Es aktiviert im Gehirn das Belohnungssystem und lässt die Mütter sich Stück für Stück, Berührung für Berührung langsam in ihr Baby verlieben. Diese Ansätze sind eine großartige Entlastung für Mütter, die eine postnatale Depression entwickelt haben, oder auch für all die anderen Frauen, denen es zunächst schwerfällt, eine Bindung zu ihrem Baby aufzubauen.

Es geht also gar nicht darum, die Zeit mit dem Kind genießen zu müssen. Das ist lediglich ein Relikt unserer Geschichtsschreibung, und diese Last kann den Müttern nun ein für alle Mal genommen werden. Denn es geht zunächst einfach darum, möglichst viel Zeit mit dem Kind zu verbringen, um die Hirnveränderungen anzustoßen, die es benötigt, um sich den Anforderungen an die Mutterschaft anzupassen. Und das wird sich unweigerlich positiv auf die Bindung zum Kind auswirken. Der Psychiater Prof. Pariante, Leiter des Instituts für Psychiatrie, Psychologie und Neurowissenschaften am King's College in London, entlastet auch jene Mütter, die zu ihrer eigenen Erkrankung noch die Sorge quält, was dies wohl mit ihrem Kind mache: »Wir dürfen nicht vergessen, dass die meisten Kinder von Müttern mit einer perinatalen psychischen Erkrankung völlig gesund sind. Kinder sind in hohem Maße widerstandsfähig – selbst in schweren Fällen psychischer Erkrankungen.«[11] Neben der persönlichen Entlastung ist dies auch richtungsweisend für all die Menschen, deren Job es ist, sich um Mütter zu kümmern. Denn belastete Frauen allein in psychiatrische Kliniken zu schicken, ist nicht sehr sinnvoll. Diese Frauen brauchen Zeit, Unterstützung von außen *und* ihre Babys, um Muttergefühle zu entwickeln. Nur dann kann dieser Fürsorgemuskel trainiert werden.

Neben der Mutter braucht aber auch das andere Elternteil Zeit. Einerseits, um die Partnerin im Wochenbett zu unterstützen, aber auch, um selbst in dieser neuen Rolle anzukommen. Um dies zu gewährleisten, sind alle EU-Mitgliedstaaten laut einer EU-Vorgabe[12] seit August 2022 verpflichtet, zehn Tage bezahlten Sonderurlaub direkt nach der Geburt für Väter zu gewähren. Das klingt zunächst nach einem wirklich guten Modell. Deutschland hat dies allerdings bislang (Stand Juli 2024) nicht umgesetzt mit der Begründung bereits bestehender Maßnahmen zur Vereinbarkeit, die weit über die neuen Regelungen hinausgingen.[13] Es ist richtig, dass Deutschland mit seiner Elternzeitregelung großzügiger ist als manch anderes europäisches Land. Aber Elternzeit und Vaterschafts*urlaub* verfolgen ein unterschiedliches Schutzziel, da diese zehn Sonderurlaubstage unmittelbar nach der Geburt genommen werden müssen – zur Förderung der Vater-Kind-Beziehung, aber auch zur Entlastung der Mutter.[14] Die Europäische Kommission hat Deutschlands Sonderweg scharf kritisiert und ein sogenanntes Vertragsverletzungsverfahren eingeleitet. Und wenn dieser Vaterschafts*urlaub* in Zukunft dann auch noch anders genannt wird, zum Beispiel Vaterschutz (analog zum Mutterschutz) und dann bitte auch für Selbstständige gilt, sind wir auf jeden Fall schon ein großes Stück weiter.

Geteilte Fürsorge – die Gesundheitsvorsorge unserer Gesellschaft

Eine unserer Töchter erzählte uns kürzlich triumphierend, dass bei den Dinosauriern die Männchen brüteten, damit sich die Dino-Mütter nach dem Eierlegen ausruhen konnten. Was die Tochter dank diverser Doppelfolgen von Dino-Dana herausgefunden hatte, bestätigt uns tatsächlich auch eine Studie von 2008.[15] Troodon, Oviraptor und Co. hatten neben ihren Raubtierqualitäten also durchaus fürsorgliche Charakterzüge und scheinen sich bereits vor Millionen von Jahren die Pflege ihrer Babys aufgeteilt zu haben. Nun identifizieren wir uns vermutlich eher weniger mit Dinosauriern. Aber dass elterliche Arbeitsteilung nicht nur ressourcenschonend, sondern manchmal sogar überlebenswichtig ist, zeigt eine eindrucksvolle Studie von Petra Persson und Maya Rossin-Slater, beide Forscherinnen und Professorinnen der Stanford University. Sie sehen die flexiblen Arbeitsstrukturen eines Vaters (oder Partner*in) als elementar für die Gesundheit der neugeborenen Mutter an.[16] Denn ein Teil der Frauen hat nach der Entbindung gesundheitliche Probleme oder leidet an Komplikationen, die eine medizinische Versorgung erfordern.[17] Dies können beispielsweise starke Blutungen sein oder auch Gebärmutterinfektionen, Blasen- und Nierenentzündungen, Brustentzündungen sowie Depressionen.[18] Vermehrt treten diese Krankheitsbilder in den ersten Wochen auf, aber generell ist das erste Jahr nach der Geburt für Frauen eine kritische Phase, die oftmals eine medizinische Behandlung und in einzelnen Fällen auch ein lebensrettendes Medikament erfordert. Das heißt aber konkret: Die kranken Mütter müssen kurzfristig zu einem Arzt oder einer Ärztin gehen können. Wenn der Partner oder die Partnerin arbeitsbedingt jedoch nicht verfügbar ist, nehmen Mütter laut Studie seltener medizinische Hilfe in Anspruch. Um dies aufzuzeigen, verglichen die beiden Forscherinnen US-amerikanische und schwedische Mütter hinsichtlich ihrer Gesundheit. Die Wahl fiel auf diese beiden Länder, da sie in ihren bestehenden (oder eben fehlenden) Elternzeitregelungen unterschiedlicher kaum sein könnten. In den USA gibt es überhaupt keinen gesetzlichen Anspruch auf Elternzeit und noch nicht einmal Mutterschutz vor oder nach der Geburt. Eine Situation, die so ausgeprägt in keinem anderen Industrieland der Welt vorherrscht. Als Vergleichsland schauten die Forscherinnen nach Schweden mit seinem sehr elternfreundlichen System. Ergebnis: In den Vereinigten Staaten ist die Wahrscheinlichkeit, als Mutter im Zeitraum der Schwangerschaft bis ein Jahr nach der Geburt zu sterben, sechsmal so hoch wie bei den Skandinavierinnen! Todesursachen sind unter anderem Herzerkrankungen, massive Blutungen, Blutgerinnsel oder Infektionen.[19] Das Phänomen, dass Mütter weniger medizinische Hilfe in Anspruch nehmen, ist aber laut Studie nicht auf das Gesundheitssystem der USA zurückzuführen, in dem Gesundheit Privatsache ist, sondern liegt tatsächlich primär an einem Mangel an angemessener sozialer Unterstützung, so Dr. Neel Shah, führender Experte für Müttergesundheit an der Harvard Medical School.[20] Dies lässt sich bei den US-amerikanischen Müttern anhand des Rückgangs ihrer Arztbesuche in Krankenhäusern und Facharztpraxen belegen sowie der reduzierten Nachfrage verschreibungspflichtiger Medikamente.[21] Die Ergebnisse dieser Studie zeigen mit dramatischer Deutlichkeit auf, wie wichtig die Unterstützung vonseiten des Partners oder der Partnerin im Wochenbett und in der Zeit danach ist.

Die Analyse in Schweden hingegen zeigt erwartungsgemäß, dass die größere zeitliche Flexibilität der Väter das Risiko körperlicher Komplikationen bei den Frauen nach der Geburt verringert und auch die psychische Gesundheit der Mütter verbessert.[22] Neben den zehn Sonderurlaubstagen, die dort bereits umgesetzt sind, profitieren Schwedens Eltern seit 2012 auch von den sogenannten »Doppeltagen«. Denn die schwedischen Familien können im ersten Jahr nach der Geburt *gleichzeitig* 30 Tage bezahlte Elternzeit in Anspruch nehmen, und zwar völlig flexibel und mit Unterbrechung.[23] Ebenso flexibel sind die Schweden generell bei ihrem Elterngeld. Denn dies wird auf Tagesbasis beantragt und ausgezahlt, nicht monatlich wie bislang in Deutschland.[24] Das schützt Familien, denn eine Brustentzündung oder auch viele andere postpartale Erkrankungen treten nicht nur im Wochenbett auf, sondern häufig auch noch nach einigen Monaten, zum Beispiel beim Abstillen. Oder einfach nur »wie aus dem Nichts heraus« aufgrund von Überlastung und Stress. Weil Mütter in ihrer verletzlichsten Zeit versuchen, all die Dinge zu tun, die wir als Gesellschaft von ihnen erwarten. Hier reichen auch die deutschen Partnermonate nicht aus, die der Kindsvater noch irgendwo in petto hat und die der Arbeitgeber am liebsten schon vor dem Kinderwunsch geplant hätte. Die Flexibilität, die den Partner*innen vonseiten der Unternehmen und des Staates eingeräumt wird, wirkt sich also gesundheitlich positiv – und mitunter lebensrettend – auf die neugeborenen Mütter aus. Damit natürlich auch auf die Kinder und die ganze Gesellschaft.

Am Engagement der heutigen Väter scheint es nicht zu mangeln. Denn laut Väterreport des Bundesministeriums für Familie, Senioren, Frauen und Jugend von 2021 möchten 55 Prozent der deutschen Väter etwa die Hälfte der Kinderbetreuung übernehmen.[25] Eine McKinsey-Studie[26] von 2020 belegt diesen Wunsch nach Beteiligung auch international. Alle befragten Männer, die bereits Elternzeit in Anspruch genommen haben, gaben an, glücklicher und erfüllter zu sein, was sich ihrer Meinung nach auch erheblich auf das Arbeitsleben auswirke.[27] Und auch auf das spätere Familienleben. Denn Männer, die Elternzeit nehmen, bringen sich auch in Zukunft tendenziell mehr in die Versorgung der Kinder ein. Und das ist von großer Bedeutung. Väter sind nicht nur Entlastung und Unterstützer für die Mütter, sie leisten einen eigenen, sehr wichtigen Beitrag für ihr Kind. Es ist nicht nur »nice to have«, sondern sehr bedeutend, wenn ein Vater viel Zeit mit seinen Kindern verbringen möchte. Väter behandeln ihre Kinder oft anders, sind explorativer und fordern sie mehr heraus. Sie nehmen also häufig eine andere Rolle ein als die Mutter. Studien belegen, dass Jungs, deren Väter (oder andere männliche Bezugspersonen) stark in die Kindererziehung involviert sind, in Konfliktsituationen mit Gleichaltrigen zu weniger Aggressivität neigen.[28] Bei Töchtern puffern Väter insbesondere in der Pubertät den Stress der Mädchen besser ab und haben auch einen besonderen Einfluss auf ihr Selbstwertgefühl.[29] Den Kindern ist es im Übrigen völlig egal, wer sie öfter laut lachend in die Luft wirft und wer mehr kuschelt. Sie wollen einfach Menschen um sich herum, die sie lieben und die nicht permanent auf dem Zahnfleisch gehen.

»Wer Mutter ist, liebt. Und wer liebt, opfert sich auf. Das kann für eine Gesellschaft äußerst praktisch sein.«

wir können das dorf endlich bauen

»Es braucht ein Dorf, um ein Kind zu erziehen.« Immer wieder hören und predigen wir diesen Satz. Dennoch ist es offensichtlich, dass unsere heutige westliche Kultur von Individualisierung geprägt ist. Die moderne Kleinfamilie kann oft nicht mehr auf familiäre Unterstützung zurückgreifen, weil die Verwandten möglicherweise weit weg wohnen oder selbst noch stark eingebunden sind in ihre Jobs. Damit fehlen aber nicht nur Babysitter fürs Kind oder das von den eigenen Eltern gekochte Lieblingsgericht, wenn einem zu Hause mal wieder die Decke auf den Kopf fällt. Es mangelt auch häufig an einem kinderversorgenden Umfeld. Denn nicht selten halten die heutigen Frauen das erste Mal einen Säugling im Arm, wenn sie selbst Mutter geworden sind, und wissen dann eben nicht instinktiv, was zu tun ist. Es braucht also kollektive Unterstützung von umsorgenden Menschen. Wie eine Unterstützung in dieser vulnerablen Phase aussehen könnte, zeigt uns ein Blick auf unser Nachbarland, die Niederlande. Denn hier ist die Begleitung der Frauen in ihrem Mutterwerden bereits fest in der Geburtshilfe verankert. Und das scheint sehr erfolgreich zu sein, denn die niederländischen Kinder gelten laut einer UNICEF-Studie aus dem Jahre 2013 weltweit als die glücklichsten. Professorin Maria Gartstein von der Washington State University bestätigte in einer Studie von 2015, dass die kleinen Niederländer*innen schon im Säuglingsalter häufiger lächelten und verkuschelter waren im Vergleich zu ihren amerikanischen Buddies. Sie ließen sich auch leichter beruhigen und zeigten im Schnitt ein deutlich heitereres Gemüt.[30] Maria Gartstein ließ nach diesen eindeutigen Ergebnissen nicht locker und machte sich an eine zweite Studie, in der sie Schwangere beider Länder untersuchte. Fünf Jahre später, im Jahr 2020, erfolgte die Veröffentlichung, die ganz ähnlich aussah. Auch bei den Schwangeren schienen die Niederlande im Vergleich zu den USA eine Insel der Glückseligkeit zu sein.[31] Kurz fragten wir uns bei der Recherche, ob das wohl dem guten Käse oder der Leidenschaft zum entspannten Radeln geschuldet sei. Mit Sicherheit liegt es aber auch an den »Kraamverzorgenden«. Das sind professionelle Pflegekräfte, die unmittelbar nach der Geburt zu den Eltern nach Hause kommen und bis zu acht Stunden täglich (je nach Wunsch) bei allem Notwendigen helfen. Dieser Dienst kann bis zu zehn Tage in Anspruch genommen werden und deckt so ziemlich alles ab, was in den ersten Tagen mit Kind gemacht werden muss. Neben den Tätigkeiten, die auch Nachsorgehebammen bei uns übernehmen, wie medizinische Kontrolluntersuchungen bei Mutter und Kind oder Stillberatung, kümmern sie sich, wenn die Familien das möchten, auch um die Wäsche, den Wohnungsputz, die Einkäufe und das Babysitten der Geschwisterkinder. Sie machen das Frühstück und bereiten die Mütter auf ihren ersten Spaziergang im Freien mit Baby vor.[32] Denn vermutlich fühlt nur ein Elternpaar, wie anstrengend beispielsweise dieser erste Spaziergang oder vielmehr die Vorbereitung darauf sein kann. Zu kalt, zu heiß, zu sonnig, zu zugig, zu hungrig … zu spät. Allein das Wissen, dass es Menschen gibt, die dafür bezahlt werden, die Mutter und den Vater auf den ersten Gang nach draußen *vorzubereiten*, erscheint uns eine großartige Wertschätzung all der Herausforderungen neugeborener Eltern. Hätten wir damals eine *Kraamverzorgende* gehabt, wäre vermutlich vieles leichter gewesen. Diese weit geöffneten Arme mit der Botschaft: »Ich komme, um dir zu helfen, und ich bringe dir bei, für dein Baby zu sorgen.«

Wir dürfen auch nicht vergessen, dass Frauen zu Beginn der Klinikgeburten noch durchschnittlich rund zehn Tage nach der Entbindung im Krankenhaus verbrachten, meist räumlich getrennt von ihren Babys, um sich von der anstrengenden Geburt zu erholen. Heute verlassen die Frauen das Krankenhaus im Schnitt schon nach drei Tagen wieder. Beim Kaiserschnitt ist es in der Regel ab dem vierten Tag möglich. Natürlich sind wir dankbar über das Rooming-in und die kürzeren Klinikaufenthalte. Aber an der Tatsache, dass eine Frau, die gerade Mutter wurde, Unterstützung braucht, hat sich nichts geändert. Wenn wir hören, wie positiv sich insbesondere die Hilfe in den ersten Tagen auf die Familie auswirkt, dann liegt es auch in jedem von uns, Hilfe zu leisten und sich zu kümmern. Lasst uns keinen Strampler und keine Blumen mehr kaufen, wenn die Freundin, die Nachbarin oder die Kollegin ein Baby bekommen hat. Bereiten wir der jungen Familie doch lieber in der ersten Woche täglich eine Mahlzeit zu, die nur noch aufgewärmt werden muss. Wir können über WhatsApp die Einkaufswünsche abfragen und den Einkauf dann vor die Tür stellen. Oder anbieten, mit Geschwisterkindern auf den Spielplatz zu gehen und sie zu ihren Hobbys zu bringen. Natürlich könnte auch Deutschland noch bessere Strukturen in der Nachsorge vertragen, aber auch wir selbst können beginnen, uns mehr um andere zu sorgen und füreinander da zu sein.

Verbesserung der Kinderbetreuung

Alle liebevollen Menschen kommen – so zeigt es die Hirnforschung – als enge Bezugspersonen für Kinder infrage. Das bringt das soziale Konstrukt der Kleinfamilie ins Wanken und beweist, dass Kinder zu mehreren Personen eine enge Bindung aufbauen können. Kindertagesstätten leisten in unserer Gesellschaft schon einen unverzichtbaren Teil dieses kollektiven Kümmerns. Allerdings besteht hier noch grundlegender Verbesserungsbedarf hinsichtlich der Qualität der Kinderbetreuung.

Wir treffen uns mit Maria in einem Spielecafé. Während sie ihrem Sohn Jakob ein Segelschiff auf sein Blatt Papier malt, spricht sie mit uns über ihre Erfahrung mit Kinderbetreuung.

» Ich mochte meinen Job als Physiotherapeutin schon immer gern. Auch das Team, mit dem ich schon seit Jahren zusammenarbeite. Daher wollte ich eigentlich auch ein Jahr nach Jakobs Geburt direkt wieder starten. Wir hatten echt Glück und haben sogar zeitlich passend einen Kitaplatz bekommen. Ich sollte sogar noch entspannt die Eingewöhnung machen können ... es lief also wirklich alles nach Plan. Tja, und dann kam es ganz anders.« Maria putzt ihrem Sohn die Nase und kramt in ihrer Tasche nach einem Früchteriegel. »Schon am ersten Tag hatte ich irgendwie ein komisches Gefühl in der Krippe. Die Einrichtung war permanent unterbesetzt, und die Leitung hatte nur wenige Wochen vor unserem Start gekündigt. Die Erzieher*innen waren wirklich sehr bemüht, aber aufgrund des Personalmangels waren es einfach total chaotische Verhältnisse dort. Jeden Abend haben mein Mann und ich darüber gesprochen, wie schwer es uns fiel, unseren Sohn

in der Einrichtung zu lassen. Und auch Jakob fiel es sichtlich schwer. Er weinte jedes Mal bitterlich, wenn wir morgens das Haus verließen. Und ich tat dasselbe, wenn ich tapfer die Verabschiedung hinter mich gebracht hatte und rausging. Acht Wochen lang haben wir das so durchgezogen. Dann habe ich ihn wieder aus der Einrichtung genommen. Bei meinem Arbeitgeber konnte ich glücklicherweise sehr unproblematisch die Elternzeit verlängern. Tja, und jetzt spielen wir zwei erst mal Kita, oder Jakob? «

Maria grinst und streicht ihrem Sohn über den Kopf. In ihrem Lachen schwingt jedoch viel Bitterkeit mit. Maria ist keine »Glucke«, sie hatte in ihrem Fall gute Gründe, nicht loszulassen und die Betreuung selbst zu übernehmen. Aufgrund der desolaten Personalsituation konnten die Erzieher*innen den Kindern einfach nicht mehr gerecht werden. Im Durchschnitt fehlen pro Kita mindestens drei Erzieher*innen,[33] was sich sowohl auf die Quantität der Kinderbetreuung negativ auswirkt, im Sinne verkürzter Betreuungszeiten, aber natürlich auch auf die Qualität der Kinderbetreuung. Und damit am Ende eben auch oft auf das Vertrauen der Eltern in die Einrichtung. Und das hat mitnichten mit der individuellen Fähigkeit des Fachpersonals zu tun und auch nicht mit einem angeborenen Mutterinstinkt, der besagt, dass das Kind eigentlich zur Mutter gehöre. Es ist eine logische Konsequenz, dass eine völlig überlastete Erzieherin am Ende des Tages vielleicht nicht mehr ganz so bedürfnisorientiert auf die Kinder reagiert, wie sie es eigentlich gern täte. Das kennen wir Mehrfachmütter nur zu gut. Und ähnlich wie bei den Müttern ist leider auch die monetäre Wertschätzung dieser wichtigen Arbeit mit den Jüngsten unserer Gesellschaft schlichtweg nicht gegeben, was den konstanten Mangel an Fachkräften aufrechterhält. Der Frauenanteil in den Sozial- und Erziehungsberufen liegt laut Bundesagentur für Arbeit derzeit bei 77 Prozent.[31] Kümmern ist also noch immer ein klassischer »Frauenberuf«. Auch hier öffnet die Neurowissenschaft Türen und beweist, dass dies gesellschaftlich konstruiert ist. Alle können Fürsorge leisten. Solange wir aber immer noch davon ausgehen, dass Frauen sich aufgrund ihres Geschlechts besser kümmern können als Männer und dies auch zu jeder Zeit gerne tun, scheint es politisch auch weniger notwendig, stärker in die sozialen Berufe zu investieren, sodass diese endlich wertschätzend und fair entlohnt werden. Frauen umsorgen doch ohnehin gern, oder nicht?

Fakt ist: Alle Erzieher*innen jedweden Geschlechts können ihren Job mit den Kleinen von Herzen lieben, und dennoch bleibt Kinderbetreuung eine der anstrengendsten und zugleich wichtigsten pädagogischen Aufgaben unserer Gesellschaft.

Das Loslassen vom Mythos der ewig verfügbaren Mutter schafft erst den Raum für eine wirklich angemessene Förderung von frühkindlicher Bildung. Erst wenn die Gesellschaft und damit auch die politischen Entscheidungsträger*innen die Mutter nicht mehr als omnipräsent und für alles zuständig sehen, offenbart sich die absolute Notwendigkeit, bedeutend mehr Geld zu investieren, um die Personalsituation nachhaltig zu verbessern. Oder auch in staatliche Förderprogramme in den Einrichtungen zu investieren. Denn abgesehen von der Tatsache, dass deutschlandweit Personal und Kita-Plätze fehlen, mangelt es auch häufig an pädagogischem und bedarfsgerechtem Angebot zur kindlichen Entwicklung.

Und damit sind keine drei Fremdsprachen oder Geigenunterricht gemeint, sondern in erster Linie Raum für kindgerechtes freies Spielen und Entdecken.

Dass Deutschland gemessen an seinem Bruttoinlandsprodukt im internationalen Vergleich wenig für Bildung ausgibt,[35] können wir natürlich nicht in Gänze dem Glauben an den Mutterinstinkt in die Schuhe schieben. Dass dieser Bereich chronisch unterfinanziert ist, liegt auch daran, dass Kinder keine Lobby haben. Auch wir bringen unseren Nachwuchs eher selten zur nächstgelegenen Landesregierung, wenn der Kindergarten mal wieder nur Notbetreuung anbieten kann. Dennoch sind wir überzeugt davon, dass der Glaube an die unerschöpfliche Kraft der Mutter, die bedingungslos liebende Kümmerin, die neben ihrer eigenen Erwerbstätigkeit nachmittags dem Kind noch Bildungsangebote ermöglicht und mehrere gesunde Mahlzeiten auf den Tisch zaubert, durchaus ein Hemmnis sein kann, mehr zu investieren. Die Mutter, der Fels in der Brandung. Wenn etwa die Krippe aufgrund von Personalmangel schließt, die Erzieher*innen (zu Recht) streiken oder die Qualität in der Einrichtung aufgrund fehlender öffentlicher Mittel schlicht nicht zufriedenstellend ist, sodass die Eltern das Kind am Ende doch zu Hause betreuen. Im Dezember 2022 hat der Bundestag endlich ein Gesetz zur Qualitätsverbesserung in den Kitas beschlossen. Dabei sollte es dann aber auch primär um die Kinder gehen, das heißt, die geförderten Maßnahmen sollten sich viel stärker an ihren Bedürfnissen orientieren.

Wenn die Gesellschaft aufhört, die Mutter als die Hauptverantwortliche zu betrachten, können Kitas wirklich zu einem zweiten Zuhause für unsere Kinder werden. Maja, Erzieherin einer städtischen Kita in München, erzählt uns:

> »Mir widerstrebt dieses Wort Fremdbetreuung wirklich sehr. Wir verbringen so viel Zeit mit den Kindern, sie erzählen uns morgens ihre schlechten Träume, dass die Mama gestern zweimal ganz laut geflucht hat oder dass der Papa Magen-Darm hat. Wir kennen ihr Lieblingsessen und wissen, in welchen Bereichen sie noch Unterstützung benötigen. Wir kuscheln mit ihnen und sind für viele einfach das zweite Zuhause. Das ist wunderschön, und genau deswegen bin ich Erzieherin geworden. Unsere Arbeit als ›Fremdbetreuung‹ zu bezeichnen, fühlt sich so falsch an.«

Kinder sollen sich in den Einrichtungen wohlfühlen, *das* ist das Credo, mit dem der Ausbau der Kinderbetreuung stattfinden muss. Hierzu benötigt es gut ausgebildetes Personal, das nicht völlig überarbeitet ist, einen optimalen Betreuungsschlüssel, geeignete Räumlichkeiten und mehr staatliche Investitionen in pädagogische Bildungsangebote. Wenn wir als Gesellschaft den Glauben an diese omnipräsente Mütterlichkeit loslassen, an die Superheldin, die zu jeder Zeit die erste Wahl für ihr Kind ist, dann ist die öffentliche Kinderbetreuung die wichtigste Investition in unsere Zukunft.

Familie darf bunt sein

Wenn erwiesenermaßen viele Menschen als enge Bezugspersonen für unsere Kinder infrage kommen, sind wir auch in der Lage, über den Tellerrand des klassischen Familienbildes zu schauen. Noch immer gilt die traditionelle Kleinfamilie in unseren Breitengraden als *das* Ideal. Dass dieses Ideal funktioniert, wollen wir uns selbst und anderen immer wieder beweisen. Und wenn es nicht funktioniert, müssen wir uns nur noch ein bisschen mehr anstrengen. Es gibt aber viele andere Familienmodelle, die dank der Erkenntnisse aus der Neurowissenschaft nun eine ganz neue Akzeptanz in der Gesellschaft finden können, wie beispielsweise Regenbogenelternschaft. Einem Kind ist es nämlich völlig egal, ob es jetzt zwei Mamas oder zwei Papas hat. Es möchte gekuschelt, getröstet, genährt und geliebt werden. Wir Erwachsenen sind es, die es zu einem Problem machen und es mit Vorurteilen aufladen, unter denen auch die Kinder leiden. Die Neurowissenschaft beweist eindrücklich, was den meisten von uns vermutlich ohnehin schon klar war. Kinder von homosexuellen Eltern erfahren keinerlei Nachteile in der Fürsorge. Auch das Gehirn eines nicht-leiblichen Elternteils wird sich allein durch die Entscheidung, Zeit mit dem Kind zu verbringen, verändern. Dies erleichtert ihm oder ihr das Kümmern und ermöglicht eine enge Bindung. Es ist eine Entscheidung, und noch viel mehr als in heterosexuellen Partnerschaften wird diese Entscheidung aus tiefstem Herzen und ganz bewusst gefällt, denn in Regenbogenfamilien gibt es keine ungeplante/ungewollte Elternschaft. Dennoch stehen insbesondere diese Elternpaare noch immer vor einer Fülle an Herausforderungen. Schon beim Kinderwunsch müssen sich lesbische oder schwule Paare oft rechtfertigen, was in der heteronormativen Partnerschaft in der Regel nicht geschieht. Auch bei der Verwirklichung des Kinderwunsches gibt es einige Hürden und Grauzonen. Ganz zu schweigen von dem allgegenwärtigen Bewährungsdruck, sich als mindestens »gleich gut« wie die klassische Familie beweisen zu müssen.[36]

Die deutsche Gesetzgebung hat mit der Einführung der »Ehe für alle« schon eine Erleichterung für homosexuelle

Paare geschaffen. So haben diese seit 2017 die Möglichkeit, eine gleichgeschlechtliche Ehe einzugehen und damit beinahe alle Rechte heterosexueller Eltern im Hinblick auf steuer-oder familienrechtliche Aspekte, wie beispielsweise das gemeinsame Adoptionsrecht. Allerdings besteht auch in der gleichgeschlechtlichen Ehe noch eine Ungleichbehandlung gegenüber heterosexuellen Elternpaaren. Wenn ein Mann zum Zeitpunkt der Geburt mit der Mutter verheiratet ist, so wird er automatisch rechtlicher Vater des Kindes, egal ob er der biologische Vater ist oder nicht. Wenn zwei verheiratete Frauen eine Familie gründen möchten, dann wird nur die Mutter in die Geburtsurkunde eingetragen, die das Kind geboren hat. Um als zweites Elternteil anerkannt zu werden, ist eine Stiefkindadoption der Partnerin noch immer die einzige Möglichkeit.[37] So eine Stiefkindadoption ist allerdings ursprünglich für Familienkonstellationen wie beispielsweise Patchworkfamilien gedacht. Wenn das Kind des Partners oder der Partnerin angenommen werden soll, es sich also zunächst um ein »fremdes« Kind handelt und nicht um ein gemeinsames. Bei einer Stiefkindadoption müssen ein polizeiliches Führungs- und Gesundheitszeugnis vorgelegt sowie die Finanzen offengelegt werden. Außerdem erfolgen Hausbesuche von Mitarbeiter*innen des zuständigen Jugendamts zur Überprüfung der »persönlichen Befähigung«. Erst nach der Beurteilung hinsichtlich der Elterntauglichkeit können unverheiratete homosexuelle Paare mit ihrem Kind rechtlich abgesichert als Familie zusammenleben.[38] Zum Vergleich: Für einen heterosexuellen unverheirateten Vater ist dies nur eine Formsache. Er muss lediglich beim Standesamt die Vaterschaft anerkennen und eine gemeinsame Sorgeerklärung beim Jugendamt abgeben.

Da sich das Gehirn bei nicht leiblichen Eltern durch engen Kontakt mit dem Kind ebenfalls verändert, um bestmögliche Voraussetzungen für Fürsorge und Bindung zu garantieren, sehen wir den Begriff »biologische Eltern« mittlerweile ohnehin kritischer und weniger ausschließend. Adoptiveltern sind nicht die genetischen Eltern. Aber auch sie erleben in der Elternschaft biologische Veränderungen in ihrem Gehirn.

Wir erinnern uns an dieser Stelle an die Studie von Ruth Feldman, die gezeigt hat, dass die untersuchten homosexuellen Väter sowohl wie die leiblichen Mütter als auch wie die biologischen Väter reagierten. Das heißt, dass heterosexuelle Paare keine besseren Eltern sind und dass Regenbogeneltern dieselben Rechte wie sie erhalten sollten. Die Hirnforschung zeigt uns die Richtung, im Alltag umsetzen können wir es alle. Auch als Einzelne*r sind wir in der Lage, Dinge zu bewegen und zu verändern. Wir können immer wieder in den Dialog gehen mit anderen Menschen, unseren Kindern von diesen neuen Erkenntnissen erzählen, aufklären, uns in den sozialen Medien dafür einsetzen oder politisch aktiv werden. Im Internet sind wir auf ein physikalisches Experiment gestoßen, das gut verbildlicht, wie kleine Kräfte Großes bewirken können.[39] Wir alle kennen noch aus unserer Kindheit den Domino-Effekt, wenn wir nach mühevollem Aufbau den ersten Stein anstoßen und eine Kettenreaktion bestenfalls alle Steine zum Fall bringt. Diese Kettenreaktion funktioniert aber auch mit immer größer werdenden Dominosteinen. So schafft es ein winziger Dominostein von fünf Millimetern Höhe und einem Millimeter Dicke in nur 13 Zwischensteinen einen ein Meter hohen und 50 Kilogramm schweren Domino umzuwerfen. Der 29. »Stein« wäre in diesem Szenario dann so groß wie das Empire State Building.

»Wenn wir den Mythos des Mutterinstinkts loslassen, haben wir endlich die Chance, umzudenken und bestehende Rollenbilder aufzugeben.«

Patchwork works

Auch Patchworkfamilien sind eine Erweiterung des klassischen Familienbilds. Wobei diese Familienform schon lange existiert. Während früher aber vor allem der Tod eines Elternteils zur Gründung einer Stief- oder Patchworkfamilie geführt hat, kommt in der modernen Konstellation in der Regel ein Bonuselternteil hinzu, anstatt wie früher den Verstorbenen zu ersetzen.[10] Der Begriff »Bonuseltern« stammt von dem bekannten Familientherapeuten Jesper Juul und soll das zumeist negativ aufgeladene Wort »Stiefeltern« ersetzen. Wir erinnern uns – in den späteren Auflagen der Grimm'schen Märchen wurden die bösen und kaltherzigen leiblichen Mütter einfach durch Stiefmütter ersetzt. Dies idealisierte die leibliche Mutter und schob all das »Böse« nonchalant den Stiefmüttern in die Schuhe.

Bonuseltern ersetzen also kein Elternteil, es gibt im Idealfall einfach noch mehr Zuneigung und Unterstützung fürs Kind on top. Wie wundervoll! Dies sollte dann aber auch nicht nur emotional legitimiert sein, sondern auch gesellschaftlich gefördert werden. Wir haben mit Eltern gesprochen, die schon seit Jahren das Modell einer Patchworkfamilie leben. Die Bonusmama Franziska erzählt uns:

» Ich habe meine Bonustochter kennengelernt, da war sie gerade mal drei Jahre alt. Mittlerweile ist sie elf, das heißt, sie hat schon länger ihr Leben anteilig mit mir verbracht als zusammen mit Mama und Papa. Mit meinem Partner habe ich auch noch ein gemeinsames Kind, aber für mich gibt es hier keinen Unterschied. Vielleicht ist die Liebe anders, das mag sein, aber das ist sie vermutlich

auch bei mehreren leiblichen Kindern. Sollten mein Freund und ich uns aber trennen, dann wäre die Situation plötzlich eine ganz andere als in klassischen Familien. Denn ich würde dann nicht nur meinen Partner verlieren, sondern auch mein Kind. Nicht mal ihre Schwester hätte dann noch ein ›Umgangsrecht‹ mit ihr, wenn die leiblichen Eltern das nicht wollten. Hier wünschte ich mir wirklich andere gesellschaftliche Strukturen, insbesondere zum Wohle des Kindes. Es sind aber oft auch so Kleinigkeiten, zum Beispiel die Weihnachtsaufführung in der Schule. Eingeladen sind die Eltern, mehr Plätze gibt es nicht. Ich verstehe das natürlich, aber für mich und auch meine Tochter wäre es wirklich wichtig, auch diese Dinge gemeinsam erleben zu dürfen. «

Manche Dinge kann jeder von uns mitverändern. Bis Patchworkfamilien für unsere Gesellschaft völlig normal sind und wir Elternschaft vielfältiger sehen, können wir beispielsweise als Mitglied im Elternbeirat bei der nächsten Rundmail unsere Anrede ändern in: »Liebe Eltern und Bonuseltern (…)«

Sina lebt ebenfalls mit ihrem Freund in einer Patchworkfamilie. Beide bringen zwei leibliche Kinder in die Beziehung mit. Da Sinas Freund beruflich bedingt morgens schon immer sehr früh das Haus verlässt, ist er in der Regel nicht da, wenn ein Kind plötzlich mit diesem für Eltern wohlbekannten glasigen Blick und heißer Stirn auf der Matte steht. Das Dilemma an der Sache: Sina kann für ihre Bonuskinder keine Kinderkrankentage nehmen.

» Ich melde mich dann im Zweifel selbst krank oder versuche irgendwie, im Homeoffice rumzuwurschteln. «

Hier bedarf es zum Wohl der Kinder mehr Rechte für Bonuseltern. Denn Sina macht an diesen Tagen exakt dasselbe, was alle Eltern in dieser Situation tun. Trösten, Spuckschüsseln halten, zum Schmerzsaft oder zu Augentropfen überreden, Bücher vorlesen und alle erdenklichen Launen des Sprösslings ertragen. Wenn die Kinder dann so krank sind, dass sie eine medizinische Untersuchung benötigen, wird es noch herausfordernder. Denn strenggenommen dürfen die Bonuseltern ohne explizite Erlaubnis der leiblichen Eltern mit den Kindern nicht zum Kinderarzt oder zur Kinderärztin. Sinas Kinderarzt kennt die Familie gut, insofern ist das in ihrem Fall kein Problem. Genau genommen befinden sich hier alle Akteure dennoch in einer rechtlichen Grauzone. Auch finanziell sind Patchworkfamilien weitaus schlechter gestellt als ein kinderloses Ehepaar oder auch die klassische Kleinfamilie. Denn an vielen Stellen fallen die Kosten doppelt an, anstatt geteilt zu werden, wie man vielleicht zunächst annehmen könnte.

» Nicht alles, was ein Kind braucht, kann ständig mit umziehen. Also existiert in der Regel das meiste in doppelter Ausführung. Kinderzimmer-Einrichtung, Klamotten, Schuhe etc. Hier wünschten wir uns wirklich zusätzliche finanzielle Entlastungen. «

Bonuseltern gesucht!

Dank der Erkenntnisse aus der Hirnforschung können wir nun aber auch einen ganz neuen Blick auf Bonuselternschaft werfen. Denn wer legt eigentlich fest, wer Bonusvater oder -mutter werden kann? Wäre es nicht denkbar, dass unsere Gesellschaft Möglichkeiten schafft für soziale Innovationen? Zum Beispiel Netzwerke, die Eltern mit Nicht-Eltern verbinden? Wo Alt auf Jung trifft und sich beide gegenseitig unterstützen. Es könnten Strukturen etabliert werden, in denen das kinderlose Paar, das sich gern sozial engagieren möchte, mit der überlasteten Alleinerziehenden in Kontakt treten kann. »Kinder geben einem so viel zurück«, unter dem Hashtag finden sich zuhauf lustige Anekdoten über die Erlebnisse mit Kindern im Familienalltag. Auch wir haben das schon mehrfach genutzt. Die Wahrheit ist: Ja, Kinder geben einem wirklich viel zurück. Einen engen Umgang mit Kindern zu pflegen bedeutet nicht nur, dass unser Gehirn agiler bleibt, Kinder sind auch die besten Lehrer*innen in Sachen Achtsamkeit und Müßiggang. Wer schon mal mit einem Kleinkind möglichst schnell von A nach B kommen musste, weiß, was damit gemeint ist. Erst wenn der letzte Löwenzahnsamen weggepustet ist und alle Regenwürmer gerettet wurden, lässt sich das Zweijährige zum Weitergehen motivieren. Und manchmal gelingt es auch uns Erwachsenen, innezuhalten, unser Tempo zu drosseln und zu überlegen, was wirklich wichtig im Leben ist.

Ein Dorf um sich herum zu bauen, um ein optimales und flexibles Betreuungsnetz zu haben, in dem Nachbarn und Freunde genauso zur Seite stehen, wie es die Familie im Idealfall tun würde, ist eine enorme Entlastung für Eltern und ihre Kinder. Wenn wir aber außerfamiliäre Fürsorgestrukturen fördern möchten, liegt es auch an den Eltern, eine gewisse Verbindlichkeit einzubringen und diesen Beziehungen Priorität und Beständigkeit einzuräumen, im Wissen, wie wichtig sie für das Kind sind. Dies bedeutet auch, es sich gut zu überlegen, ob man zwei Jahre später vielleicht schon wieder wegzieht, weil sich beruflich eine lukrative Chance bietet.

wir können einen neuen blick auf sorgearbeit werfen

Alle Menschen, egal welchen Geschlechts, haben laut Neurowissenschaft dieselbe Voraussetzung für die Kindererziehung. Dass dies im Übrigen genauso fürs Kochen, Putzen und Spülmaschineeinräumen gilt, setzen wir an dieser Stelle voraus.

Sorgearbeit, auch Care-Arbeit genannt, beschreibt die Tätigkeiten der Fürsorge und Pflege. Darunter fallen zum einen jegliche Formen des Sich-Kümmerns, also sowohl die Kinderbetreuung, die Pflege der eigenen Eltern, ehrenamtliche Tätigkeiten, wie auch die Hilfe unter Freunden etc., aber auch alle Arbeiten, die in einem Haushalt anfallen. Kochen, Putzen, Waschen, den Garten in Schuss halten, Einkaufen, Reparaturen, Kindergeburtstage ausrichten, Kuchen für den Schulbasar backen, zum Lernentwicklungsgespräch gehen und so vieles mehr. Der Begriff Care-Arbeit ist also sehr weit gefasst. Und er zeigt deutlich, dass es Tätigkeiten zu Hause gibt, die Zeit benötigen und von irgendjemandem erledigt werden müssen, damit eine Wirtschaft überhaupt funktionieren kann.

Heute gehen viel mehr Frauen einer Erwerbstätigkeit nach. Aber wer kümmert sich trotzdem überwiegend um den Haushalt und die Kinder? Es sind die Frauen. Weltweit übernehmen Frauen (und Mädchen) zu 75 Prozent die Care-Arbeit. Und während wir bei der zunehmenden Erwerbstätigkeit der Frauen von geschlechterpolitischen Fortschritten sprechen können, so hat sich die Ausbeutung in Bezug auf die weibliche Sorgearbeit deutlich verschlimmert.[11] Diese Ausbeutung funktioniert nur, weil diese Arbeit zumeist als Gratisleistung, als »Arbeit aus Liebe« angesehen wird. Als instinktiv erbracht. Dabei können wir unseren Erwerbsjob doch auch lieben und ihn als erfüllend empfinden. Es erschiene uns aber absurd, dafür kein Geld zu fordern. Die Rufe nach bezahlter Care-Arbeit werden immer lauter. Und dies ist keine neue Forderung. Schon in den 1970er-Jahren gab es feministische Bewegungen in Deutschland und anderen europäischen Ländern, die im Zuge ihrer Kampagne »Lohn für Hausarbeit« forderten. Dies wurde aber niemals umgesetzt. Auch weil wir als Gesellschaft bei der Entlohnung von Care-Arbeit vor einem Dilemma stehen: Täglich arbeiten Frauen weltweit über 12 Milliarden Stunden, ohne dass dies in irgendeiner Form gesellschaftlich oder ökonomisch anerkannt ist.[12] Würden sie für diese Arbeit auch nur einen Mindestlohn erhalten, wären das umgerechnet elf Billionen US-Dollar pro Jahr.[13] Das bedeutet, dass eine Bezahlung niemals in wertschätzender Höhe erfolgen könnte, was die Care-Arbeit automatisch weiter abwerten würde.

Und auch der Gender Care Gap, also der unterschiedliche Zeitaufwand, den Frauen und Männer für Sorgearbeit aufbringen, würde mit einer »Bezahlung« nur noch weiter zementiert werden. Die Tatsache, dass Frauen für Care-Arbeit Geld bekämen, könnte als starkes Argument gegen eine faire Verteilung des Care-Aufwands eingesetzt werden. In Deutschland liegt der Gender Care Gap derzeit bei den 34-Jährigen (was bei uns dem Durchschnittsalter von jungen Eltern entspricht[14]) bei 110,6 Prozent. Das heißt Frauen übernehmen in dieser Lebensphase mehr als doppelt so viel Care-Arbeit im Vergleich zu den Männern, und zwar täglich 5 Stunden und 18 Minuten versus 2 Stunden und 31 Minuten.[15] Die hohe Differenz in dieser Altersgruppe liegt im Wesentlichen daran, dass Frauen noch immer deutlich häufiger und auch um einiges länger Elternzeit in Anspruch nehmen als Männer.[16] Obwohl jeder zweite Vater etwa die Hälfte der Kinderbetreuung übernehmen möchte.[17] Eine Erhebung des Meinungsinstituts Forsa zeigt sogar, dass selbst kinderlose Männer (die sich aber vorstellen können, Vater zu werden) zu Beginn ihrer Vaterschaft gern ihre Erwerbstätigkeit reduzieren möchten, um mehr zu Hause zu sein.[18] Was hindert die Väter aber daran, mehr oder länger in Elternzeit zu gehen? Einige Eltern, mit denen wir gesprochen haben, gaben finanzielle Gründe an. Denn in vielen Familien scheint eine fair aufgeteilte Elternzeit noch immer ein Luxusgut darzustellen. In Deutschland verdienen Männer auch heute noch pro Stunde durchschnittlich 18 Prozent mehr als Frauen.[19] Daher ist es in vielen Familien Realität, dass die Mütter die Elternzeit allein in Anspruch nehmen. In manchen Städten deckt das Elterngeld noch nicht einmal annähernd die monatlichen Fixkosten, und schnell wird die staatlich angebotene Elternzeit zum Goodie für jene privilegierten Familien, die sich diese Zeit schlichtweg leisten können.

Generell sollten wir die Art und Weise, wie wir Elternzeit entlohnen, hinterfragen. Elterngeld ist eine Lohnersatzleistung, wir erhalten einen Betrag X, der in Zusammenhang mit unserer Arbeitsperformance ein Jahr vor der Geburt steht. Wer mehr verdient (und nicht selbstständig ist), bekommt also auch mehr Elterngeld, zumindest bis zum Maximalbetrag von 1800 Euro. Das heißt im Klartext, dass es für ein und dieselbe Tätigkeit, nämlich das Umsorgen eines Kindes, eine sehr unterschiedliche Bezahlung gibt. Ist das gerecht? Steht hier das Kind im Vordergrund? Sollte die Entlohnung der Elternzeit nicht vielmehr an die Tätigkeit gekoppelt sein, die in dieser Lebensphase anfällt? Wenn wir das gedanklich weiterspinnen, würde das bedeuten: Familie A bekäme den identischen Betrag an Elterngeld wie Familie B, unabhängig vom früheren Gehalt. Wäre dies nicht eine faire Lösung, um beiden Eltern unabhängig von der individuellen finanziellen Situation Zeit mit dem Kind zu ermöglichen?

Abgesehen von Überlegungen zur Entlohnung von Care-Arbeit oder Elternzeit sollte es unser aller Ziel sein, die Sorgearbeit endlich gerechter zu verteilen. Hierfür müssen wir unseren Blick auf diese Tätigkeiten schärfen oder sie noch einmal ganz neu betrachten. Einen Haushalt zu managen und sich um Kinder zu kümmern ist an manchen Tagen Schwerstarbeit. An anderen Tagen kann das Kümmern Kraft spenden und Spaß machen. Es gibt Aufgaben, die können an einem Tag nerven und an einem anderen mit unterschiedlichen Rahmenbedingungen angenehm sein. Dem Kind auch nach einem anstrengenden Tag noch eine lange Einschlafbegleitung zu gönnen, mit ihm gemütlich zu lesen und zu kuscheln, im Wissen, dass währenddessen die Küche aufgeräumt wird, *kann* so eine Tätigkeit sein. Eine menschenleere Wohnung in Ruhe zu putzen mit einem spannenden

Hörbuch auf den Ohren, während die Kinder gerade draußen ausgepowert werden oder irgendjemand den Wocheneinkauf macht, ebenso. Dies gilt für alle Geschlechter. Da es keinen Mutterinstinkt gibt, der Mütter mit bedingungsloser Liebe ausstattet, dürfen sie (und auch die Väter) ihre Elternschaft lieben, sie müssen es aber nicht. Oft sind es weniger die Tätigkeiten an sich, die Frauen als belastend empfinden, sondern dass vieles gleichzeitig passieren muss und meist an ihnen hängenbleibt. Selbst Studien, die belegen, dass Frauen um mehr als 50 Prozent gestresster sind als Männer,[50] veranlassen Frauen eher dazu, die Schuld für diesen Stress bei sich zu suchen als im System. Dass diese höhere Stressbelastung besonders in der Altersgruppe zwischen 35 und 44 Jahren auftritt – in unseren Breitengraden oft die Zeit mit kleinen Kindern –, ist kein Zufall.

Es braucht mehr individuelle Familienkonzepte. Zum Beispiel noch flexiblere Arbeitszeitmodelle für stillende Mütter, die bald nach der Geburt ihre Erwerbstätigkeit wieder aufnehmen möchten. Andererseits sollte es gesellschaftlich auch legitimiert sein, wenn eine Frau sich bewusst dafür entscheidet, länger in Elternzeit zu bleiben als das gesellschaftskonforme erste Jahr. Oder wenn ein Vater eine Zeit lang in seinem Job pausiert, um sich der Sorgearbeit zu widmen. Dass Kümmern zentral ist für unsere Existenz und dass diese Tätigkeiten unabhängig vom Geschlecht erledigt werden können, darf sich noch stärker in allen Köpfen verankern. Nur dann lassen sich auch individuelle Modelle verwirklichen. Denn die bestehenden Strukturen reichen offensichtlich nicht aus. Es mangelt an finanzieller Gerechtigkeit (zu Lasten der Mütter) und an Unterstützung von Seiten der Unternehmen (oftmals zu Lasten der Väter).

»Mit der Entmystifizierung des Mutterinstinkts sind wir in der Lage, eine ganzheitliche Perspektive auf Elternschaft einzunehmen – auf die erlernte Elternschaft.«

Finanzielle Fairness für Mütter

Wenn eine Mutter sich bewusst dafür entscheidet, ihren Fokus für eine gewisse Zeit auf die Care-Arbeit zu legen, dann ist das eine Entscheidung, die es zu respektieren gilt. Zentral ist allerdings, dass sie dies nicht im Sinne der Aufrechterhaltung eines patriarchalen Systems tut. Das heißt, sie entscheidet sich freiwillig dafür – im Wissen, dass ihr Partner genauso in der Lage dazu wäre. Von dieser freien Wahl sind wir allerdings noch weit entfernt. Denn aktuell werden Frauen, die dieses Modell leben, finanziell benachteiligt, sowohl gegenwärtig als auch im Alter. Wir haben hierzu mit Jo Lücke gesprochen, der Sprecherin und Co-Leiterin der Initiative Equal Care Day.[51] Sie sagt: »Wer Care-Arbeit übernimmt, hat mit vielen Nachteilen zu kämpfen. Sie ist sozial schlecht abgesichert und kann genauso wie Teilzeitarbeit zu Altersarmut führen.«

Nun mögen Teilzeitfalle und Altersarmut in jungen Jahren noch weit entfernt scheinen. In Deutschland leben allerdings schon jetzt rund 30 Prozent der über 80-Jährigen unterhalb der Armutsgefährdungsgrenze, und Frauen sind wesentlich stärker betroffen als Männer.[52] Private Rentenvorsorge, so das Credo, soll Abhilfe schaffen. Dass die Rentenunterschiede im Vergleich zu Männern strukturell bedingt und mitnichten selbstverschuldet sind, steht nicht auf dem Rentenbescheid, der den Frauen jährlich zugeschickt wird. »*Mit diesen fünf Tricks verbessern Sie Ihre Rente*«, werben die großen Versicherer in ihren Policen. Hätten wir als Mütter von drei Kindern jemals Zeit dafür gefunden, all die Briefe und Mails von Versicherern zu öffnen, hätten wir unter Punkt eins vermutlich gelesen: »*Bekommen Sie keine Kinder.*« Denn in Deutschland verdient eine Frau, die *ein* Kind geboren hat, bis zu ihrem 45. Geburtstag gute 250 000 Euro weniger als eine Frau, die ohne Unterbrechung in Vollzeit gearbeitet hat.[53] Eine weitere Studie von 2019, die den sehr eindrücklichen Namen »Child Penalties«[54] trägt, beschreibt die finanzielle *Bestrafung* der Frauen, wenn sie Kinder bekommen. Laut dieser Studie entwickeln sich die Verdienste von Männern und Frauen vor der Elternschaft ähnlich, weichen aber ab dem Zeitpunkt des ersten Kindes signifikant voneinander ab. Frauen erleben unmittelbar nach der Geburt einen starken und anhaltenden Verdienstrückgang. Hier geht es den skandinavischen Müttern zwar etwas besser als den deutschen, bei ihnen liegt die finanzielle »Strafe« fürs Kinderkriegen »nur« bei 21 bis 26 Prozent. In den deutschsprachigen Ländern werden Mütter bis zu 61 Prozent finanziell benachteiligt.[55] Wenn wir hören, dass Mütter in Deutschland auch dann noch erheblich weniger verdienen als Väter, wenn das erste Kind bereits zehn Jahre alt ist, nämlich im Schnitt immer noch 60 Prozent weniger als im letzten Jahr vor der Geburt, während es bei Vätern diesen Effekt überhaupt nicht gibt,[56] dann zeigt das nur umso deutlicher, wie wichtig es ist, Frauen über diese Gegebenheiten aufzuklären.

In Teilzeit zu arbeiten, wenn die Kinder klein sind, ist per se keine »schlechte« Entscheidung, aber die übrigen Stunden arbeiten die Mütter ja auch, nur eben unbezahlt. Und solange Teilzeitarbeit bei Vätern nicht zur Normalität wird und es keine wirtschaftlichen und politischen Lösungen für das Care-Dilemma gibt, müssen wir individuelle Lösungen finden, etwa im Familiensystem vertraglich vorsorgen. Eheverträge mögen auf den ersten Blick vielleicht wenig romantisch sein, aber jede dritte Ehe wird geschieden. Und auch aus eigener Erfahrung können wir bestätigen, dass wir in unserem Leben bisher intensiver nach Urlaubsreisen und

Long Bobs gegoogelt haben als nach fairen und juristisch belastbaren Partnerschaftsvereinbarungen. Fehlende Romantik hin oder her, nach einer Trennung ist fast die Hälfte aller Alleinerziehenden armutsgefährdet[57] – in neun von zehn Fällen betrifft das die Mutter.[58] Und das, obwohl alleinerziehende Mütter häufiger arbeiten als andere Mütter und auch längere Arbeitszeiten haben.[59]

Die Tatsache, dass es auch in Skandinavien noch erhebliche Gehaltsunterschiede gibt, erklärt Ökonomieprofessor Josef Zweimüller von der University of Zurich so: »Mit Kindergeld und Krippenplätzen alleine lassen sich nicht alle Unterschiede aufheben. Wir sehen nämlich auch, dass die Gehaltseinbußen mit den gesellschaftlichen Erwartungen und sozialen Normen einhergehen.« Zweimüller betont: »Das Ziel muss sein, die Einstellung der Männer zu verändern. Sonst wird der Großteil der Erziehungsarbeit weiter von Frauen gemacht.«[60]

Wir sagen: Es gilt, die Einstellung *aller* Menschen zu verändern. Wenn wir andere Menschen ermutigen wollen, sich mehr zu kümmern, dann ist »Arbeit« möglicherweise nicht der richtige Begriff. Vielmehr sollten wir uns überlegen, worauf wir in Zukunft als Gesellschaft den Fokus legen wollen. Sind eine gesteigerte Produktivität, mehr Einkommen, mehr Vermögen wirklich unser Ziel? Beruht Wachstum für uns nur auf kapitalistischen Bestrebungen? Also immer besser, wohlhabender, schneller, effizienter zu sein? Was ist unsere persönliche Wertschöpfung im Leben? Sollten wir den Fokus nicht vielmehr auf andere Menschen legen? Uns alle wieder mehr kümmern? Wir finden ja. Dieses Kümmern benötigt jedoch Zeit. Zeit, die insbesondere Eltern kleinerer Kinder oder Menschen mit pflegebedürftigen Angehörigen nicht haben.

Was wir also an erster Stelle brauchen, ist eine ganz neue Zeitpolitik im Umgang mit Erwerbs- und Care-Arbeit. Es gibt immer wieder Diskussionen über eine allgemeine verkürzte Erwerbsarbeitszeit. Damit Menschen mehr Zeit und Ressourcen für all jene Tätigkeiten haben, die wir unter Care-Arbeit verstehen und sie gerechter aufteilen können. Die alte Binsenweisheit »*Wer viel arbeitet, leistet auch viel*« ist in den meisten Fällen ohnehin ein Trugschluss. Der norwegisch-amerikanische Management-Guru Morten Hansen, Professor an der UC Berkeley, kam in seiner Studie mit Arbeitnehmer*innen aus 15 verschiedenen Branchen zu dem Schluss, dass die Arbeitsdauer einen vergleichsweise kleinen Unterschied hinsichtlich der Performance macht.[61] Ganz sicher würde eine Teilzeit für alle bei guten Löhnen insbesondere den Familien mehr Möglichkeiten für eine gerechtere Verteilung der Care-Arbeit ermöglichen und eine gute und sichere Bindung beider Elternteile zum Kind stärken. Eltern könnten wieder Kraft schöpfen, würden nicht tagtäglich an ihre körperlichen und psychischen Grenzen stoßen und könnten sich besser um ihre Partnerschaft kümmern, welche die Basis für eine gute gemeinsame Elternschaft ist.

wir können männer von toxischer männlichkeit befreien

Junge Väter sehen sich nicht mehr überwiegend als Ernährer der Familien, sondern als emotional eng verbundene Bezugspersonen, die einen aktiven Part in der Elternschaft übernehmen möchten.[62] Die Hirnforschung hat eindrücklich bewiesen, dass dies – entgegen aller früheren Überzeugungen – möglich ist, und dies wird auch zunehmend von den Männern erwartet. Die neue Vätergeneration soll weicher und emotionaler sein, im Berufsleben ist dies allerdings nach wie vor nicht erwünscht. Hier trifft die Vaterrolle 2.0 oft auf veraltete und väterunfreundliche Unternehmensstrukturen. Für viele Unternehmen scheint es klar zu sein, wer die Care-Arbeit übernimmt, wenn das Kind krank ist, es keinen Betreuungsplatz bekommen hat oder irgendeine verrückte Pandemie um die Ecke kommt. Als wir den zweifachen Vater Markus mit seiner Frau Katharina besuchten, erzählte er uns von dieser völlig irren Lock-Down-Zeit, die wohl allen Familien für immer schmerzhaft in Erinnerung bleiben wird.

» Ich hatte jeden Tag ein brutal schlechtes Gewissen, meine Frau mit den Kindern und all dem Chaos im Wohnzimmer alleine zu lassen, während ich mich in unserem Arbeitszimmer von einem Call in den nächsten geklickt habe.«
»In *deinem* Arbeitszimmer!«, fällt Katharina ihm zynisch ins Wort.
»Ja, ich weiß, das war alles nicht optimal. Mir war auch völlig klar, dass Katharina das mit ihrer Arbeit gar nicht alles vereinbaren konnte. Aber ich fühlte mich gefangen. Für meinen Chef und meine Kollegen – ja, tatsächlich überwiegend Männer – schien alles so weiterzulaufen wie bisher, nur eben digital. «

Während Katharina und viele andere Mütter am Familientisch versuchten, Homeschooling, Homeoffice und Home-

Everything unter einen Hut zu bekommen, saßen viele Väter mit schlechtem Gewissen irgendwo in einem Zoom-Call. In ihren Besprechungen andere Männer mit ebenfalls schlechtem Gewissen und einem Chef, der diese männliche Verfügbarkeit erwartete. Führungskräfte nehmen weitaus seltener Elternzeit in Anspruch. Dadurch fehlt ihnen aber auch das Wissen, was alles mit Sorgearbeit einhergeht. Alle Männer, mit denen wir für dieses Buch gesprochen haben, fühlten sich enorm unter Druck. Es waren Männer, die zu Hause genauso wie ihre Frauen die täglich verschüttete Apfelschorle aufwischen; Väter, die mühelos filigrane Kunstwerke aus Perlen bügeln und mit Säuglingen auf ihrer Brust einschlafen. Wenn wir den Mythos vom angeborenen Mutterinstinkt loslassen, ermöglicht das auf der anderen Seite auch eine neue Perspektive auf »Männlichkeit«. Denn nicht nur die Frauen kämpfen mit einem unerreichbaren Mutterideal, auch die Männer leiden unter dem vom Patriarchat geprägten und gesellschaftlich konstruierten Bild von Männlichkeit.[63] Männer wie Markus können ihre Stimme nutzen und aufhören, bis zur eigenen Erschöpfung mitzuspielen. Sie können im beruflichen Umfeld auf Missstände aufmerksam machen, um ein kollektives Umdenken anzustoßen. In manchen Unternehmen gibt es bereits Väternetzwerke, und wo es sie nicht gibt, können sie gegründet werden. Hier können im gemeinsamen Austausch Wünsche und Perspektiven von Vätern abgebildet werden, die Führungskräften bei der Entwicklung von Strukturen und Maßnahmen helfen. Wenn eine Gesellschaft sich vom Mutterinstinkt trennt, können auch Väter sich neu positionieren. Sie können mehr als die gesellschaftskonformen zwei Vätermonate in Elternzeit gehen, sie dürfen Dienstreisen absagen, kurzfristig zu Hause bleiben, wenn das Kind krank ist, und in Unternehmen wird das »Risiko Elternschaft« auch für sie miteingeplant. Weil Care-Arbeit alle von uns betrifft und jeder von uns Sorge dafür trägt.

in unternehmen können neue vorbilder entstehen

Die Corona-Pandemie hat uns die offenen Wunden unserer Gesellschaft gezeigt und in jeder Familie über Nacht das Pflaster weggerissen, das die Unvereinbarkeit und die tradierten Rollenbilder im Alltag oft verdeckt hat. Sie hat uns aber auch gezeigt, dass Homeoffice effizient und aufgrund der größeren Flexibilität weitaus familienfreundlicher ist. Die Erkenntnisse aus der Hirnforschung schaffen Raum für eine partnerschaftliche Familienarbeit. Frauen müssen nicht mehr wählen zwischen Glucke und Rabenmutter, und Männer sind nicht mehr entweder der dauerabwesende Ernährer oder Spitzenvater des Jahres.

Zu Letzterem wurde der dreifache Familienvater Daniel Eich im Jahr 2019 von der Großbäckerei Mestemacher ausgezeichnet, weil er ein Jahr Elternzeit genommen hat, um seiner Frau die aufwendige Ausbildung zur Astronautin zu ermöglichen. Dies löste im Netz einen enormen Shitstorm inklusive jeder Menge Spott und Häme aus. Frauen würden keine 5000 Euro Preisgeld bekommen, wenn sie ein Jahr Elternzeit nähmen. Insa Thiele-Eich äußerte sich selbst zu den Vorwürfen und erklärte, dass der Preis nicht das von ihrem Mann in Anspruch genommene Elternzeitjahr auszeichne, wie es in den Medien breitgetreten wurde, sondern dass beide seit Jahren eine völlig gleichberechtigte Elternschaft lebten.[64] Und darum ging es auch Ulrike Detmers, der Vorsitzenden der Geschäftsführung, als sie dieses Projekt 2006 ins Leben rief. Für Frauen existiert bei Mestemacher übrigens bereits seit 2002 die Auszeichnung zur »Managerin des Jahres«.

Dass Großunternehmen wie Mestemacher partnerschaftliche Familienmodelle fördern, welche die Voraussetzung für Vereinbarkeit von Familie und Beruf sind, sollte an dieser Stelle im Vordergrund stehen. Zugegeben: Man kann über das Wording »Spitzenvater« diskutieren, aber wir brauchen Anreize für Familien, damit Eltern sich die Care-Arbeit gerechter aufteilen können. Auszeichnungen wie diese können auch einen Imagewechsel in den Unternehmen bewirken und unser Bild von Männlichkeit erweitern. Wenn es auch im beruflichen Umfeld als Mehrwert gilt und sogar eine Auszeichnung wert ist, wenn Väter über längere Zeit in Elternzeit gehen, dann wird hier unweigerlich ein positiver Effekt für all die anderen Väter eintreten, die bislang noch mit Hürden zu kämpfen haben. Auch hinsichtlich ihrer Rückkehr an den Arbeitsplatz, denn 20 Prozent aller Männer, die im Zuge einer McKinsey-Studie von 2021 befragt wurden, gaben an, dass die Elternzeit für ihre Karriere eine große Herausforderung oder gar einen Rückschlag darstellte.[65] Wir brauchen also Männer, die eine Vorbildfunktion übernehmen, um ein Umfeld für partnerschaftliche Familienmodelle zu schaffen. Und auch mehr Unternehmen, die Anreize für Väter schaffen, in Elternzeit zu gehen. Natürlich ist mancher Spott in Bezug auf die Auszeichnung des Spitzenvaters emotional betrachtet nachvollziehbar. Daniel Eich tat tatsächlich das, was die meisten Mütter machen, allerdings ohne dass sie dafür eine Auszeichnung bekommen. Das ist noch immer das Bild in unseren Köpfen: Die sich instinktiv kümmernde Mutter, der produktive Vater. Selbst bei der Einführung des Elterngelds im Jahr 2007 wurde es reproduziert, als die Bundesregierung auf großflächigen Plakatwänden mit dem Slogan »Krabbeln lerne ich bei Mama, laufen dann bei Papa« warb. Es nehmen zwar immer mehr Väter Elternzeit, aber laut statistischem Bundesamt planen über 70 Prozent der Väter noch immer nur die minimale Elterngeldbezugsdauer von zwei Monaten.[66] Die werden gehäuft in den ersten beiden Lebensmonaten des Kindes genommen sowie im 12. bis 14. Lebensmonat. Außerdem macht sich laut Statistischem Bundesamt bei Vätern auch eine deutliche Präferenz bemerkbar, die Elternzeit im Sommer in Anspruch zu nehmen.[67] Um sie mit dem Familienurlaub zu verbinden? Vielleicht. Eventuell ist in manchen Unternehmen während der allgemeinen Urlaubszeit aber auch die Hemmschwelle geringer, die Vorgesetzten nach Elternzeit zu fragen.

wir können den mental load besser verteilen

Im Sommer 2022 besuchten wir die Zweifachmama Nora in ihrem Zuhause. Während wir bei ihr am Tisch saßen, kam gerade ihre große Tochter aus der Schule mit einem Stapel an Elterninformationen, die unbedingt heute noch gelesen werden sollten, der Ankündigung des Mathe-Tests am übernächsten Tag und den Hausaufgaben für die kranke Freundin, die nachmittags noch zu ihr gebracht werden mussten. Noras sichtlich kränkelnde Zweijährige saß während unseres Gesprächs auf ihrem Schoß. Ein Handwerker klingelte, Noras

Kollegin wollte telefonisch nur ganz kurz eine Sache klären und die Kinderärztin wartete auf Rückruf.

» Manchmal bin ich echt kurz davor, alles hinzuschmeißen. Natürlich mache ich das nicht, aber ich spüre in letzter Zeit wirklich oft den Impuls. Ich bin jeden Abend derart geschafft und müde von den ständigen Anforderungen. Als ob permanent alle Tabs in meinem Hirn geöffnet sind. Wenn ich meinem Freund dann zu erklären versuche, warum ich so fertig bin, kommt mir das immer total lächerlich vor. Im Normalfall sind unsere Töchter bis 14.30 Uhr betreut, und ich arbeite in Teilzeit. Mein Freund versteht überhaupt nicht, was mein Problem ist. An den Wochenenden oder im Urlaub genießt er die Zeit mit den Mädels sehr, für ihn scheint das gar keine richtige Arbeit zu sein. Und er nimmt mir auch echt viel ab. «

Noras Freund übernimmt einen großen Teil der Care-Arbeit. Er lässt sie an den Wochenenden häufig ausschlafen, und als die Mädchen noch Babys waren, hat er sie oft einfach nur zum Stillen gebracht und sie dann wieder bespaßt. Sie und ihr Freund leben also eine Beziehung, die von partnerschaftlicher Vereinbarkeit geprägt ist. Und doch scheint nur Nora es zu sein, die an der Flut der Aufgaben verzweifelt und an großer Erschöpfung leidet. Warum ist das so?

Weil Nora, wie die meisten Mütter, unter einer enormen mentalen Last leidet, die hinter fast allen alltäglichen Arbeiten steckt. Und da sie als Teilzeitkraft am Ende mehr Care-Arbeit übernimmt als ihr Freund, muss sie auch mehr von dieser Last tragen. Wir möchten anhand eines Beispiels verdeutlichen, wie groß der unsichtbare Rattenschwanz hinter einer einzigen Aufgabe im Alltag mit Kindern ist. Eine Tätigkeit, die allen Eltern bekannt sein dürfte: Die nächste Vorsorgeuntersuchung des Kindes steht an. Das Elternteil, das mit dem Kind zur Vorsorge geht, übernimmt in diesem Fall die Care-Arbeit. Den Mental Load trägt aber die Person, die daran gedacht hat, den Termin zu vereinbaren, weil sie wusste, dass diese Untersuchung jetzt ansteht. Der Termin findet so statt, dass er nicht mit anderen wichtigen Terminen kollidiert – das muss die planende Person im Kopf haben. Sie muss wissen, welche Impfungen anstehen, und sich im Vorfeld schon Gedanken darüber gemacht haben, welche das Kind erhalten soll. Sie muss rekapitulieren, wo der Impfpass liegt, und daran denken, dem Kind fürs Schulschwimmen am nächsten Tag eine Entschuldigung mitzugeben.[68] Wenn Noras Freund mit einem seiner Kinder zur Vorsorge geht, dann unterstützt er Nora. Das ist wünschenswert, hilft Nora aber nur bedingt. Denn nur wenn er auch die Verantwortung für den gesamten Prozess übernimmt, erledigt er den ganzen Teil der Care-Arbeit, der mit einer Vorsorgeuntersuchung beim Kinderarzt einhergeht. Und diese Situation lässt sich nahezu auf alle anderen Alltagsorganisationen übertragen.

In unseren Augen ist es nicht hinreichend, Frauen zu ermutigen, Mental-Load-Listen anzufertigen, um ihre Aufgaben sichtbar zu machen und am Ende bestenfalls zu teilen. Letzten Endes sind das doch nur weitere Punkte auf der niemals endenden To-do-Liste der Mütter. Der einzige Weg, Frauen aus dieser Belastungssituation herauszuholen, ist ein gesellschaftliches Umdenken. Wir müssen das Bild der instinktiv handelnden Mutter in unseren Köpfen loslassen. Denn nicht

»Den Kindern ist es im Übrigen völlig egal: Sie wollen einfach Menschen um sich herum, die sie lieben und die nicht permanent auf dem Zahnfleisch gehen.«

der Mutterinstinkt oder die Mutterliebe lässt sie an alles denken und alles organisieren. Frauen werden von klein auf darauf geprägt, sich sowohl für die Familienorganisation verantwortlich zu fühlen als auch für die Antizipation, also das Erkennen von Bedürfnissen – am besten noch bevor der Bedürfnisträger sie selbst erfasst hat. Scheitert eine Frau an diesen Aufgaben, wird sie mit Spott oder Schuldzuweisungen bedacht. Was machen die Frauen also? Sie versuchen, die Erwartungen der Gesellschaft weiter zu erfüllen, und strengen sich noch ein bisschen mehr an. Trotz körperlicher und psychischer Erschöpfung funktionieren sie und reproduzieren damit immer wieder das Bild der Superheldin. Sätze wie »Entspann dich doch mal« oder »Du musst auch mal loslassen können« triggern Frauen ungemein, weil sich darin eine Doppelbotschaft versteckt. Frauen wurden dazu erzogen, sich nicht zu entspannen, immer im Fürsorgemodus zu sein (sowie mittlerweile auch aktiv im Erwerbsmodus), aber wenn sie genau diese Erwartung erfüllen, sagt man ihnen, sie sollen doch bitte lieber tief durchatmen und auch mal die anderen machen lassen. Als wären sie selbst schuld, wenn der Partner nicht mitdenkt und seine Aufgaben nicht übernimmt.

So sahen das auch die Spiegel-Redakteur*innen einer im Jahr 2021 erschienenen Ausgabe mit folgendem Titel: »Papa kann das schon allein! Was moderne Väter alles hinkriegen – wenn die Mütter sie lassen«. Auf dem Cover eine übermächtig groß lächelnde Frau, die ihren sichtlich genervten Mann (in Babygröße) in der Trage vor ihrer Brust trägt, der wiederum das gemeinsame Kind in der Babytrage hat. Die Autor*innen beschreiben in dem Artikel, worunter moderne Väter leiden. Sie würden kochen, waschen, wickeln und doch immer nur bevormundet und benotet werden. »Mami weiß es eben doch am besten, Papa bleibt ein Elternteil zweiter Klasse.«[69] Väter würden oft ausgebremst werden von Müttern, die einfach nicht loslassen wollen. Maternal Gatekeeping nennt man das. Wie eine Türsteherin verwehren sie dem Vater oder auch anderen Personen den Zugang zum Kind. Mit einem derartigen Beitrag ist jedoch weder den Müttern noch den Vätern geholfen. Es mag sein, dass es für manche Frauen schwer ist, sich im Loslassen zu üben.[70] Aber es bleibt doch in erster Linie zu hinterfragen, *warum* so viele Frauen derart große Probleme haben, loszulassen. Warum sie von einem Perfektionismus angetrieben werden, der in Erschöpfung und oft auch Wut endet. Die Antwort liegt zum einen in der Summe ihrer Erfahrungen. Denn die Befürchtung der Frauen, dass geliebte Menschen zu kurz kommen könnten, wenn sie die Sorgearbeit vernachlässigen, ist kein persönliches Unvermögen oder ein neurotischer Kontrollzwang, sondern in vielen Fällen schlichtweg berechtigt.[71]

Neben der Sorge, dass die Arbeit liegen bleibt, kann dieses Perfektionsstreben aber auch noch einen anderen Ursprung haben. Frauen müssen in einer männlich geprägten Gesellschaft permanent um ihre Daseinsberechtigung kämpfen. Um überhaupt Anerkennung zu erfahren, sehen sich viele Frauen gezwungen, die noch immer existierenden Erwartungen und Rollenbilder zu erfüllen und damit permanent zu aktualisieren. Dies zeigt sich bei manchen in einem fast zwanghaften Perfektionismus.[72] Es ist ein Irrglaube, zu denken, dass Frauen heute beruflich und privat alles erreichen können. Sie haben natürlich mehr Optionen, aber haben sie wirklich eine freie Wahl? Bedeutet es nicht, dass sie einfach noch mehr Dinge perfekt machen müssen? Sie sollen berufstätig sein, aber auch eine gute, umsorgende Mutter. Sie können Führungskräfte werden, sollen dabei aber nicht zu viel Machtstreben zeigen. Sie dürfen jederzeit ihre Meinung äußern, sollen aber nicht zickig wirken. Sie können ihre Sexualität genießen, dürfen aber keine Schlampe sein.[73] Diese Fülle an »Möglichkeiten« schnürt bei vielen Frauen das Korsett nur noch enger. Und so kann bei manchen Frauen auch ein »zwanghafter Perfektionismus« im Familienalltag dazu dienen, sich Kontrolle und Macht zu verschaffen.

»Habt ihr's gut, euch steht die Welt offen«, sagt uns Großtante Gerda. Natürlich hat sie recht, wenn sie sagt, dass sich so vieles geändert hat in den letzten Jahrzehnten. Aber der Glaubenssatz, dass Mädchen und Frauen heute alles erreichen können, genauso wie Männer, ist zerstörerisch. Denn die Botschaft dahinter lautet: Wenn sie ihre Ziele trotz aller Optionen nicht umsetzen können, muss es wohl an ihnen liegen. Sie müssen einfach noch mehr an sich arbeiten. Noch mehr Selbstoptimierung betreiben, noch mehr Fleiß aufbringen.

Das ist nicht der richtige Weg für eine gleichberechtigte Gesellschaft. Wir alle müssen das Patriarchat verlernen. Das ist ein Prozess, der Generationen von Umdenker*innen benötigt. Und wir stecken noch mittendrin. Denn selbst wenn der/die Partner*in sich im individuellen Familiensystem gleichermaßen verantwortlich fühlen sollte für die Sorgearbeit und den damit verbundenen Mental Load, so wird auf gesellschaftlicher Ebene noch immer die Mutter zur Verantwortung gezogen – wenn auch nur im Stillen. Im Übrigen auch von Frauen. Die Mütter sind es, denen insgeheim der Sauberkeitszustand der Wohnung zugeschrieben wird, die Länge der kindlichen Fußnägel oder wenn der Zweitklässler sein Gedicht nicht gelernt hat. Und auch wir selbst ertappen uns dabei, wie wir uns mit organisatorischen Fragen hauptsächlich an die Mütter wenden. »*Rollern unsere Mädels morgen zusammen?*«, »*Könnt ihr für* *mein Kind morgen die Hausaufgaben mitbringen?«* oder »*Was wünscht sich denn dein Sohn zum Geburtstag?*«. Mütter kennen diese Fragen, die sie abends – wenn alle im Bett sind – schnell noch beantworten. Das ist kein Feierabend. Und auch hier können wir alle ansetzen und in Zukunft gezielt die Väter anschreiben, wenn es um Organisatorisches geht.

Um darzustellen, wie stark Frauen unter dem Mental Load leiden, bedarf es auch keiner großartigen Erhebung mit einer repräsentativen Stichprobe. Es genügen Geburten oder auch Grippe-Viren, um festzustellen, wie sehr Frauen und ihr Verstand in der Aufrechterhaltung des Familienlebens gebunden sind. In jenen Momenten, wenn eine Mutter tatsächlich einmal völlig ausgeschaltet auf dem Sofa liegt, sich mit schlechtem Gewissen beim Arbeitgeber krankgemeldet und den Partner um Hilfe gebeten hat – genau dann beginnt das Gedankenkarussell. Und das ist kein Zeichen von Kontrollzwang, sondern von einem unfassbaren Berg an Aufgaben, den kaum einer sieht. In Wahrheit wünschen sich wohl die meisten Mütter, sie könnten Aufgaben abgeben. Wenn in solchen Momenten den Müttern aber jemand damit kommt, »doch mal Fünfe grade sein zu lassen«, dann wird das die eine oder andere Mutter trotz Erkrankung rasend machen. Denn wir könnten diesen Satz auch übersetzen in: »Deine Arbeit ist nicht wichtig. Es ist doch egal, wenn du sie sausen lässt.« Das ist keine Arbeitsteilung.

Wie wichtig die Sorgearbeit ist, haben die Frauen in Island im Übrigen schon vor einem halben Jahrhundert bewiesen. Im Zuge des »Internationalen Jahrs der Frau«, das von den Vereinten Nationen 1975 zur Förderung der Gleichberechtigung zwischen Männern und Frauen ausgerufen wurde, organisierten sich Islands Frauen und planten einen landesweiten Streik. Noch im selben Jahr am 24. Oktober sollte am »Frauenruhetag« keine Isländerin auch nur einen Finger krumm machen. Die Frauen sollten weder der bezahlten noch der unbezahlten Tätigkeit, wie Kinder umsorgen, kochen, putzen etc. nachgehen. Sie wollten den Männern einmal zeigen, was sie jeden einzelnen Tag leisteten, um alles am Laufen zu halten.[74] Tatsächlich beteiligten sich 90 Prozent der Isländerinnen, und im ganzen Land gab es mehr als 20 Kundgebungen, allein in Reykjavík waren es rund 25 000 Demonstrantinnen. Während dieser Proteste waren die Würstchen, Islands beliebtestes Fertiggericht zu jener Zeit, in allen Supermärkten ausverkauft, und in den Büros wimmelte es von Kindern, die dank all der Süßigkeiten, mit denen ihre Väter krampfhaft versuchten, sie ruhig zu halten, erst so richtig Gas gaben. Dieser Tag schien nicht ohne Wirkung zu bleiben, denn noch im folgenden Jahr verabschiedete Island ein Gleichstellungsgesetz, das Diskriminierung aufgrund des Geschlechts bei der Arbeit oder in Schulen zur Straftat machte.[75] Vier Jahre später wurde Vigdís Finnbogadóttir die erste demokratisch gewählte Staatschefin, und auch heute hat Island ganz ohne Quotenregelung das weltweit ausgeglichenste Geschlechterverhältnis in der Regierung.[76]

wir können unsere rolle in der gesellschaft neu finden

Im Jahr 2016 brachte es der Kabarettist Florian Schroeder auf den Punkt: In weniger als einer Minute redete er sich in einer Fernseh-Talkshow in Rage, was eine Frau heute alles sein soll und muss: Ein schlankes Topmodel mit Kinderwunsch. Feministin, aber bloß keine Emanze. Sie soll Karriere machen, aber mit Kindern zu Hause bleiben, um bloß keine Rabenmutter zu sein. Zu Hause soll sie dann Hure, Liebhaberin, beste Freundin und Mutter zugleich sein. Und den Stress, den sie dabei empfindet, soll man ihr bitte niemals anmerken. Sein Auftritt wurde mit viel Applaus und Gelächter gefeiert und wird noch heute in den sozialen Medien geteilt.

Florian Schroeder bringt mit seinem Beitrag die Erwartungen der Gesellschaft auf den Punkt und zeigt ziemlich deutlich, wie unmöglich es für Frauen ist, den gesellschaftlichen Vorstellungen gerecht zu werden. In Zukunft sollten wir das aber überhaupt nicht mehr müssen. Wenn es – neurowissenschaftlich erwiesen – keinen angeborenen Mutterinstinkt gibt, dann ist eine Frau ohne Kinder niemals unvollständig. Sie ist ein Mensch, der sich gegen Kinder entschieden hat oder keine bekommen kann. Letzteres kann für manche Frauen schlimm genug sein. Sich nach der x-ten Kinderwunschbehandlung irgendwann eingestehen zu müssen, dass der Traum vom eigenen Kind geplatzt ist, ist tragisch genug. Jene Frauen auch noch zu stigmatisieren, weil ihr Körper nicht richtig »funktioniere«, ist brutal und demütigend. Vielmehr können jene Frauen in Zukunft ermutigt werden, dass auch andere Familienmodelle sie zur Mutter machen können.

Und auch Mütter können ihren ganz persönlichen Platz in der Gesellschaft neu finden. Denn wie die Hirnforschung gezeigt hat, verläuft die Muttertät sehr individuell. Während die eine starke Hirnveränderungen hat, sind sie bei der anderen vielleicht viel schwächer ausgeprägt. Während eine Mutter mehr Zeit braucht, um sich an ihre Mutterschaft zu gewöhnen, geht es bei einer anderen eben schneller. Manch eine, die ihr Leben lang von Kindern geträumt hat, zieht es schon nach einem halben Jahr wieder zurück ins Büro. Und eine andere Mutter, die auf keinen Fall länger als ein Jahr zu Hause bleiben wollte, verlängert auf eigenen Wunsch nun doch ihre Elternzeit. All diese Entscheidungen sind nicht nur zu akzeptieren, sondern auch zu fördern.

Die Hirnforschung hat bewiesen, dass Frauen in der Zeit von der Schwangerschaft bis über die postnatale Phase hinaus eine *Entwicklung* durchlaufen, die vergleichbar ist mit der Pubertät. Und wie in jedem Entwicklungsschub wird auch hier eine Veränderung auf körperlicher, mentaler sowie geistig/spiritueller Ebene angestoßen. Dies birgt ein unheimliches Potenzial, die Zukunft neu zu gestalten. Denn im Zuge der Muttertät findet bei Frauen häufig ein Reflektieren statt. Wo will ich hin? Möchte ich überhaupt in meinen Job zurück, oder will ich mich vielleicht auch verändern? Nicht wenige Frauen machen sich im Zuge ihrer Mutterschaft selbstständig, wählen andere Parteien, leben nachhaltiger und setzen sich für Klimaschutz ein. Die Muttertät scheint bei vielen Frauen einen Wunsch nach mehr Sinnhaftigkeit aufkommen zu lassen.

Miriam Fuz ist Mama von drei Kindern und erreicht auf ihrem Social-Media-Kanal derzeit rund 50 000 Follower*innen. Sie erzählt uns von ihrem persönlichen Wandel zur Miriam 2.0. Bevor sie Mutter wurde, hatte sie – wie so viele – 40 bis 50 Stunden pro Woche im Angestelltenverhältnis gearbeitet, daneben blieb wenig Zeit für etwas anderes. Durch die Kinder war sie gezwungen, auch ihr berufliches Leben neu zu denken, umzukrempeln und Prioritäten anders zu setzen. Was für sie im Endeffekt eine große Erfüllung war:

» **Als Mutter entdecke ich unsere ganze Gesellschaft neu. Oft muss ich den Kopf schütteln über unser System. Viele Dinge, die mir früher gar nicht aufgefallen sind. Ich versuche mich stark zu machen für mehr soziale Gerechtigkeit, für Müttergesundheit und Nachhaltigkeit in all unseren gesellschaftlichen Belangen. Sowohl in der Social-Media-Welt als auch in meinem Engagement im echten Leben setze ich mich für die Interessen von Kindern und deren Eltern ein. Ich kann jede Mama nur ermutigen, Mutterschaft auch als Chance zu sehen, neue berufliche Wege einzuschlagen, die am Ende vielleicht sogar erfüllender sind als jene, die man früher gegangen ist. Dieser Umbruch kostet natürlich auch Zeit und Nerven. Aber für mich war meine Mutterschaft hier der Türöffner.** «

Miriam Fuz, @muttiversum

»Die Frauen« gibt es nicht

Unser Gesellschaftssystem war jahrhundertelang männlich geprägt, und Frauen galten als Abweichung von der Norm. Da ist es nicht verwunderlich, dass Frauen sich miteinander solidarisiert haben. Nur so konnte es zu feministischen Bewegungen kommen. In ihrer Unsichtbarkeit und den fehlenden Rechten waren die Frauen in der Tat alle gleich. Allerdings sind wir nun an einem Punkt angekommen – und die Neurowissenschaft belegt es –, an dem die Solidarisierung eher darin bestehen sollte, individuelle Lebensläufe anzuerkennen und wertzuschätzen. Es gibt nicht »*die* Frauen« oder »*die* Mütter«, das ist ein Denkfehler und Folge unserer patriarchalen Geschichte, der HIStory. Die gesellschaftliche Solidarität sollte in Zukunft vielmehr in der Betonung der Unterschiede liegen. Sodass Frauen sich endlich in ihrem Facettenreichtum zeigen (dürfen).

Wenn wir vom Mythos des angeborenen Mutterinstinkts loslassen, dann sind Frauen auch nicht mehr nur Objekt, das eine Daseinsberechtigung hat, weil es in einem Verhältnis zu einem anderen Menschen wie dem Ehemann oder Kind steht. Durch die alleinige Zuschreibung der Fürsorgefähigkeit konnten Frauen bisher schwer eine eigene Identität entwickeln, die losgelöst war von einem anderen Menschen. Was im Falle einer Trennung vom Partner oder auch nur dem Erwachsenwerden der eigenen Kinder zu einem großen Problem werden kann und dann oftmals schmerzlich gelernt werden muss. Ohne den Mutterinstinkt können Frauen viel uneingeschränkter ihre eigene Identität ausbilden und die für sie passende Rolle in der Gesellschaft einnehmen.

wir schenken unseren kindern freiheit

Es ist an der Zeit, neue Geschichten zu schreiben. Vermutlich wurden nur wenige der Leser*innen dieses Buchs in ihrer Kindheit ohne geschlechtsspezifische Zuschreibungen erzogen. Noch heute helfen Mädchen im Vorschulalter weit häufiger im Haushalt als Jungs.[77] Nicht freiwillig, wie wir aus eigener Erfahrung sagen können. Diese Tatsache zeigt uns umso mehr, dass wir unsere Geschichte auch ein Stück weit verlernen und neue Wege einschlagen müssen. Das Schöne daran ist, dass die Neurowissenschaft uns hierfür die Türen weit geöffnet hat. Eine unserer größten Aufgaben als Eltern ist es, unseren Jüngsten in der Gesellschaft Vorbild zu sein und zu zeigen, wie Elternschaft aussehen kann. Denn in den Kinderzimmern wächst die Gesellschaft von morgen heran. Und eigentlich beginnt es sogar noch früher. Zum Beispiel wenn werdende Eltern in den sozialen Medien stolz Videos posten, in denen sie einen Luftballon zerplatzen lassen und – boom – je nach Geschlecht des Ungeborenen rosa oder hellblaues Pulver herausschießt. Nur zur Info: Vor rund hundert Jahren war die Farbe Rosa ausschließlich Jungen vorbehalten, da das sogenannte »kleine Rot« für Männlichkeit und Stärke stand.[78] Mädchen dagegen trugen blau, weil dies die Farbe der Jungfrau Maria war. Das verdeutlicht einmal mehr, wie sehr menschengemacht all diese Zuschreibungen sind. Das Gute daran: Damit sind sie auch komplett veränderbar. Und genau das ist jetzt unser Part.

Es genügt nicht, unsere Mädchen zum Fußballtraining zu fahren und in ihr wildes Wesen vernarrt zu sein. Es reicht nicht, Mädchen den Zugang zu MINT-Fächern zu ermöglichen und innovative Girls Days in den Unternehmen zu feiern. Denn ein Mädchen, das mit Autos spielt oder technisch interessiert ist, wird schon jetzt viel mehr akzeptiert als ein Junge, der *ausbricht* und Interesse an »Mädchensachen« hat.[79] Hier zeigt sich auch ganz deutlich diese internalisierte Misogynie. Wer eine Vorliebe für weiblich konnotierte Dinge hat, scheint in unserer Gesellschaft der Verlierer zu sein, da Weiblichkeit immer noch mit Schwäche gleichgesetzt wird. Sätze wie »*Du bist so ein Mädchen*« bekommen männliche Jugendliche auch heute noch zu hören, wenn sie sich offenbar *unmännlich* verhalten.

In der geschlechtsneutralen Erziehung geht es in erster

»Ohne den Mutterinstinkt können Frauen viel uneingeschränkter ihre eigene Identität ausbilden und die für sie passende Rolle in der Gesellschaft einnehmen.«

Linie um Freiheit. Jedes Kind soll sich frei von stereotypisierenden Rollenbildern entwickeln dürfen. Was nicht bedeutet, dass wir die unterschiedlichen Charaktere und Vorlieben der Kinder missachten sollten oder dass alle plötzlich gleich sein müssen. Wir haben zum Beispiel unserem ersten Sohn bewusst immer wieder weiblich konnotiertes Spielzeug wie Puppen und Kuscheltiere der großen Schwester zum Spielen gegeben und fanden uns zu jener Zeit extrem innovativ und feministisch. Der Einjährige fand allerdings nur mäßig Gefallen an den Sachen und ist vor Freude fast explodiert, als er irgendwann zu Weihnachten von Oma und Opa eine Kiste mit Autos bekommen hat. Und das ist okay. Genauso okay wäre eine Puppe gewesen. Es macht auch keinen Sinn, ein Mädchen, das davon träumt, Ballerina zu werden, beim Eishockey anzumelden.

Es bleibt aber auch zu hinterfragen, ob die Vierjährige vielleicht nur deshalb ihren Werkzeugkoffer, den sie zum Geburtstag bekommen hat, verschmäht, weil sie noch nie in ihrem Leben eine Frau mit einem Hammer in der Hand gesehen hat. Umwelt und Anlagen sind immer miteinander verwoben, wir können sie nicht voneinander lösen, und es wäre utopisch zu denken, wir wären frei von jeglichen Vorurteilen. Das ist per se auch nicht schlimm. Es wäre nur fatal, diese Tatsache zu verneinen. Hier braucht es vor allen Dingen Aufmerksamkeit für eine gendersensible Erziehung. Sowohl zu Hause als auch in den Einrichtungen. In keinem Kindergarten sollte es noch Jungsbau- oder Mädchenpuppenecken geben, dafür mehr Bücher, in denen Frauen einen Bagger steuern und die Eltern zwei Papas oder Mamas sind. Wir wünschen uns für jede Einrichtung Puppen in allen Hautfarben, sodass die Kinder in ihrer Spielwelt einfach die komplette und bunte Vielfalt unserer Gesellschaft kennenlernen dürfen. Denn unsere Kinder kommen frei von Vorurteilen zur Welt. Dies zu bewahren ist unsere Aufgabe. In der Kleinkindabteilung der Klamottenläden möchten wir in Zukunft nicht mehr zwischen Jungs- und Mädchenkleidung wählen. Ein zweijähriges Kind trägt (im Schnitt) Größe 86/92. Punkt. Alani liebt blau, Oskar rosa, und Leo mag alles, was glitzert. Vielleicht brauchen wir dann irgendwann auch gar keine Elsas und Rockys mehr auf der Kleidung.

Diese Entwicklung benötigt Zeit, und wir sind in vielerlei Hinsicht schon auf einem guten Weg. Aber immer da, wo es noch hakt, sollten Erwachsene eine Vorbildfunktion einnehmen und mit ihren Kindern sprechen. Denn das geht auch in jungen Jahren schon wunderbar. Wenn Connis Mama Annette mal wieder so geduldig wie ein prähistorischer Stein ist und nur liebevoll lächelt, wenn ihre Tochter in der Küche sehr expansiv Pizza gebacken hat oder furchtbare Musik mit Kochtöpfen macht. Oder wenn in einem Geschwisterbuch die Mama in Rückenlage ihr Baby bekommt, an ihrer Seite ein männlicher Arzt im weißen Kittel. Wir können die Werte und Überzeugungen unserer Gesellschaft nicht von heute auf morgen ändern. Aber wir können in unserem eigenen System beginnen und mit den Kindern über veraltete Rollenbilder und Klischees sprechen. Und das geht schon von klein auf.

Es ist wichtig, dass wir unsere Töchter stärken. Dass wir ihnen die Wege aufzeigen, die wir in unserer Kindheit oft noch nicht gehen konnten. Dass wir ihre Integrität schützen und sie darin bestärken, dass es Grenzen gibt, die niemand überschreiten darf. Dass sie Mutter werden können, aber nicht müssen. Dass es nicht ihre Aufgabe ist, sich vorrangig oder allein um Kinder zu kümmern. Nicht weniger wichtig sind unsere Söhne. Wir können sie von klein auf daran teilhaben lassen, dass jeder im Haushalt Aufgaben bekommt und ihnen eine Partner- und Elternschaft auf Augenhöhe vorleben. Wir können ihnen zeigen, wie mutig es ist, wenn Menschen weinen und wie stark, Schwäche zu zeigen und Hilfe anzunehmen.

OURstory

plädoyer für ein neues rollenverständnis

Wenn wir den Mythos des Mutterinstinkts loslassen, haben wir endlich die Chance, umzudenken und bestehende Rollenbilder aufzugeben. Bilder, die heute nicht mehr zu unserer gelebten Wirklichkeit passen, aber noch immer in unseren Köpfen herumspuken. Mütter, die Superheldinnen. Sie können alles schaffen, wenn sie nur wollen. Und wenn es nicht direkt klappt, müssen sie eben ein bisschen mehr wollen. Oder wollen sollen. Das höchste Ziel bei alldem: Glücklich zu sein und die Kinder in jeder Sekunde von Herzen zu lieben. Dieses Narrativ führte schon vor Corona zu einer immensen Erschöpfung. Der große Ansturm auf Mutter-Kind-Kuren, unzählige Diagnosen des Erschöpfungssyndroms und postpartale Depressionen sprechen eine deutliche Sprache. Frauen in der Muttertät brauchen Unterstützung und Zeit, um anzukommen in ihrer neuen Identität, keine Erzählungen von Superheldinnen.

Und genau das benötigen auch Väter und andere Sorgepersonen. Elternschaft geht mit einer vulnerablen Entwicklungsphase einher und ist der Inbegriff von Gleichzeitigkeiten. Wir finden in ihr das ganze Spektrum menschlicher Emotionen. Die wunderschönsten und manchmal auch die furchtbarsten Gefühle. Die Liebe zu den eigenen Kindern ist mit nichts zu vergleichen, was wir bislang kannten. Sie ist mitunter schmerzhaft schön und manchmal auch brutal und verletzend.

Als Kinder mit ihren Bedürfnissen immer stärker in den Blickwinkel unseres Denkens und Handelns gerieten, war das einerseits historisch von enormer Bedeutung. Auf der anderen Seite führte es aber auch zu einem geradezu toxischen Upgrade von Mutterschaft. Niemand möchte wieder zurück zu Glaubenssätzen wie »Schreien kräftigt die Lungen« oder »Du verwöhnst das Baby, wenn du sofort reagierst«. Das Dilemma ist nur, dass diese aufkommende Perspektive der bedürfnisorientierten Erziehung zunächst ausschließlich die Mütter in die Verantwortung nahm. Weil die Frau in unseren Köpfen qua Geschlecht für die Fürsorge prädestiniert war, ausgestattet mit einem unerschöpflichen Quell an Mutterliebe. Parallel nahm die Erwerbstätigkeit der Frauen zu – was selbst gewollt, aber auch gesellschaftlich erwünscht war. Damit wurde das Mutterideal mit noch mehr Verpflichtungen aufgeladen und damit gänzlich unerreichbar. Dies formte schließlich auch den Begriff der »Superheldin«.

Mit den Erkenntnissen der Neurowissenschaft lässt sich dieses Dilemma endlich lösen, denn das neue Wissen über die Muttertät, über das Elternhirn und den »Tanz« mit unseren Babys lässt ein gesellschaftliches Umdenken zu. In Richtung Miteinander und gemeinsames Kümmern zum Wohle aller. Dieses Umdenken wollen wir mit unserem Buch anstoßen. Wir wünschen uns ein breiteres Spektrum, in dem Eltern sich bewegen dürfen. *Wirklich* freie Entscheidungen. Wir benötigen neue familienpolitische Strukturen, aber auch Menschen, die bereit sind, ihre gedankliche Komfortzone zu verlassen, um persönliche Einstellungen auf den Prüfstand zu stellen. Wenn wir uns und andere Mütter von der Vorstellung einer bedingungslosen, aufopfernden Liebe befreien, können wir uns als Gesellschaft endlich unvoreingenommen mit dem Thema Sorgearbeit auseinandersetzen und für uns klären, welchen Stellenwert wir ihr in Zukunft beimessen wollen. Denn wir *müssen* etwas ändern. Die Coronakrise hat uns gezeigt, dass wir nahezu alles von heute auf morgen schließen und runterfahren können – außer den Tätigkeiten, die mit der unbezahlten (oder unterbezahlten) Care-Arbeit zu tun haben. Kümmern ist immer systemrelevant, und Frauen können und müssen nicht weiterhin den Großteil dieser Arbeit übernehmen.

Den Mutterinstinkt zu entmystifizieren, bedeutet nicht, Müttern ihre Intuition abzusprechen. Viele Frauen berichteten uns von einem Bauchgefühl, das sie immer wieder in der Mutterschaft begleitet. Mal ahnen sie vielleicht schon am Vorabend, dass das Schulkind krank wird, oder – wir erinnern uns an die Frühchenmütter – dass sich bei ihrem Baby die Vitalwerte verschlechtern, noch bevor die Geräte Alarm schlagen. Ein gutes Gefühl für einen anderen Menschen zu haben, ist wundervoll. Aber es ist – neurowissenschaftlich erwiesen – nicht nur Müttern vorbehalten. Mütter verbringen in unserer Gesellschaft viel Zeit mit ihren Kindern, daher kennen sie sie tatsächlich oft wie kein anderer. Aber diese Verbindung kann auch ein Vater oder jede andere liebevolle Bezugsperson aufbauen. Weil der angeborene Mutterinstinkt ein Konstrukt, ein Relikt unserer Historie ist.

Wir wünschen uns mehr Aufklärung zum Thema Elternschaft: Vorbereitungskurse, in denen nicht nur gelehrt wird, was mit den Frauenkörpern in der Schwangerschaft und während der Geburt passiert und wie man eine Entbindung physisch und psychisch übersteht. Sondern auch, was es wirklich bedeutet, Eltern zu werden. Wir wünschen uns, dass an den Universitäten über Elternschaft gelehrt wird. Dass angehende Ärzt*innen, Pädagog*innen und Psycholog*innen damit vertraut sind, wie sich Gehirne verändern, wenn Eltern buchstäblich zu anderen Menschen werden, und wie verletzlich sie in dieser Phase sind.

Die Naturwissenschaft hat vor Jahrhunderten ein eindimensionales Elternbild gezeichnet, das in vielen Familien noch immer gelebt wird. Die neuesten Erkenntnisse aus der Hirnforschung befreien uns nun von diesen alten Rollenbildern. Alle Frauen, egal ob Mutter oder kinderlos, können nun endlich dieses viel zu enge Korsett ablegen, das lediglich dazu diente, eine bestimmte Rolle der Frau in der Gesellschaft zu rechtfertigen und zu zementieren. Wir können das Potenzial von Frauen für unsere Gesellschaft erkennen und sind andererseits auch in der Lage, ein neues Bild von Männlichkeit zu entwerfen. Denn auch Männer sind so viel mehr als das, was ihnen historisch zugeschrieben wurde.

Mit der Entmystifizierung des Mutterinstinkts sind wir in der Lage, eine ganzheitliche Perspektive auf Elternschaft einzunehmen – auf die *erlernte* Elternschaft. Das mag auf den ersten Blick weniger romantisch klingen als die bedingungslose mütterliche Liebe. Aber *das* ist das echte Leben.

»Nur durch Learning by Doing erlangen Frauen ›Elternkompetenz‹, nicht durch einen mütterlichen Instinkt.«

dank

Dieses Buch zu schreiben fühlte sich mitunter selbst an wie ein gewaltiger Entwicklungsschub mit allen erdenklichen Emotionen. Immer wieder sind wir an unterschiedlichste Grenzen gestoßen. An die Grenzen der Vereinbarkeit zwischen unserem Familienleben und dem Beruf, aber auch an die Grenzen unserer eigenen internalisierten Einstellungen, die es zu reflektieren und nicht selten auch zu korrigieren galt. Vor allen Dingen sind wir aber auch an die Grenzen unserer Kräfte gelangt. Manchmal verzweifelten wir, weil wir unfassbar erschöpft waren. Weil unsere Kinder sich vehement beklagten, dass wir nicht genug Zeit für sie hätten, weil unsere Partner überlastet waren und wir manchmal das Gefühl hatten, nichts und niemandem gerecht zu werden. Aber wir haben es geschafft. Und dafür sind wir dankbar und auch wirklich stolz.

Diese Reise hätten wir nicht machen können ohne einige kluge und engagierte Frauen, die mit uns ihr umfassendes Wissen teilten. Allen voran die zwei großartigen Neurowissenschaftlerinnen Dr. Jodi Pawluski und Dr. Elseline Hoekzema. Vielen Dank für Ihr Fachwissen und all die inspirierenden Gespräche, in denen zu jeder Zeit diese große, persönliche Leidenschaft für Mütterforschung zu spüren war.

Von Herzen danken wir Natalia Lamotte und Sarah Galan von den Schwesterherzen Doulas für den Begriff der Muttertät, aber auch für all die Expertise und das Teilen ihrer Erfahrungen rund um das Mutterwerden. Danke Natalia für dein unerschöpfliches Gespür für die neuesten relevanten Informationen, die dieses Buch zu einem aufklärenden, kritischen und hoffentlich bedeutsamen Werk gemacht haben.

Wir danken allen Eltern, die uns ihre Erfahrungen erzählt und geschrieben haben und denen wir in diesem Buch eine Stimme verleihen dürfen. Außerdem ein herzliches Dankeschön an all die Frauen, die unseren Gedankenprozess und das Schreiben enorm beeinflusst haben, denn das Patriarchat zu verlernen ist eine kollektive Entwicklung. Ganz besonders denken wir hier an Franziska Schutzbach, Evke Rulffes, Abigail Tucker, Sarah Blaffer Hrdy und Teresa Bücker. Mareice Kaiser danken wir von Herzen für den Begriff »reinlieben«, der den wissenschaftlichen Diskurs der erlernten Elternschaft so wundervoll beschreibt.

Ein ganz besonderer Dank gilt unserer Lektorin Annegret Augustin, die uns schon im ersten Buch mit ihrem klugen, unaufgeregten Geist durch stürmische Zeiten manövrierte. Danke für deine Inspiration und deinen Glauben an uns.

Herzlich danken möchten wir auch unserer Außenlektorin Katharina Theml. Dir ist es gelungen, jede kleinste textliche Unsicherheit aufzuspüren und uns auf charmante Art und Weise immer wieder auf die richtige Spur zurückzuholen.

Wir danken all den wundervollen Menschen um uns herum, die unsere höchsten Hochs und unsere tiefsten Tiefs in den letzten eineinhalb Jahren mittrugen und uns Mut machten, wenn uns ebendieser zeitweise verlassen hatte. Wir sind dankbar, Eltern zu haben, die uns von klein auf lehrten, dass Frauen und Männer viel mehr Facetten haben als jene, die ihnen in ihrer eigenen Kindheit zugeschrieben wurden. Von ganzem Herzen danken wir unseren Partnern, die mit uns täglich Seite an Seite gemeinsam umdenken und neuordnen. Auch wenn das systembedingt mit sehr vielen Herausforderungen und Krisen verbunden ist. Danke für eure Nerven aus Drahtseil, die unsere Leidenschaft, Altbekanntes unaufhörlich auf den Prüfstand zu stellen, mitunter erfordert und für eure Offenheit, Elternschaft neu zu denken.

Der allergrößte Dank überhaupt geht an sechs kleine Wesen, ohne die es all das hier überhaupt nicht gäbe. Ihr habt uns gezeigt, was es zu fühlen gibt in dieser ver-rückten Elternschaft. Wie wenig wir Eltern manchmal wissen und wie okay das alles ist. Danke für euren unverdorbenen und so wahren Blick auf das Leben. Lasst euch den von keinem Erwachsenen ausreden – ihr seid die besten Lehrerinnen und Lehrer.

Und nicht zuletzt danken wir euch, liebe Leser*innen. Fürs Lesen, fürs Loslassen und Umdenken. Denn das müssen wir alle gemeinsam tun. Auf dass diese großartigen Erkenntnisse aus der Hirnforschung die Köpfe unserer Gesellschaft nachhaltig verändern werden.

anmerkungen

Teil 1: Mythos Mutterinstinkt – HIStory

1 Vgl. Pia Ratzesberger, »Mutter Natur«, Süddeutsche Zeitung, 30.09.22, https://www.sueddeutsche.de/projekte/artikel/gesellschaft/geburt-mutterschaft-natuerlichkeit-e318003/?reduced=true

2 Ebd.

3 Vgl. Annika Rösler, Evelyn Höllrigl Tschaikner, Nachwehen, Kösel Verlag, München 2021, S. 153

4 Vgl. ebd.

5 Vgl. Nils Pickert, Lebenskompliz*innen: Liebe auf Augenhöhe, Beltz Verlag Weinheim, 2022

6 Vgl. ebd.

7 Vgl. Caroline Criado-Perez, Unsichtbare Frauen: Wie eine von Daten beherrschte Welt die Hälfte der Bevölkerung ignoriert, München, btb, 2021, S. 160

8 Vgl. Julia Friedrichs, Andreas Spinrath, Nina Ostersehlte, HERstory, Das Erste, 2021, Teil 1

9 Vgl. ebd.

10 Vgl. Christopher J. D. Wallis, »Association of Surgeon-Patient Sex Concordance With Postoperative Outcomes«, 2021, https://jamanetwork.com/journals/jamasurgery/article-abstract/2786671?utm_campaign=articlePDF&utm_medium=articlePDFlink&utm_source=articlePDF&utm_content=jamasurg.2021.6339

11 Ebd.

12 Vgl. SWR2 Zeitgenossen »Frauen sind keine kleinen Männer«, Vera Regitz-Zagrosek, 2021, https://www.swr.de/swr2/leben-und-gesellschaft/vera-regitz-zagrosek-frauen-sind-keine-kleinen-maenner-100.html

13 Evke Rulffes, Die Erfindung der Hausfrau – Geschichte einer Entwertung, HarperCollins, 2021, S. 191

14 Vgl. Franziska Schutzbach, Die Erschöpfung der Frauen. Wider die weibliche Verfügbarkeit, Droemer Verlag, 2021, S. 177
15 Vgl. Evke Rulffes, Die Erfindung der Hausfrau – Geschichte einer Entwertung, HarperCollins, 2021, S. 16
16 Vgl. ebd., S. 17 ff.
17 Vgl. ebd., S. 63
18 Vgl. ebd., S. 65
19 Vgl. ebd., S. 17
20 Vgl. ebd., S. 208
21 Vgl. Johannes Kückens, »Die Entdeckung der Kindheit: Wie Rousseau die Pädagogik revolutionierte«, GEO, https://www.geo.de/magazine/geo-kompakt/6772-rtkl-kindheit-rousseau-entdecker-der-kindheit
22 Vgl. Evke Rulffes, Die Erfindung der Hausfrau – Geschichte einer Entwertung, HarperCollins, 2021, S. 173
23 Jean-Jacques Rousseau, Emile oder Über die Erziehung. Aus dem Französischen von Ludwig Schmidts. Paderborn/München, Schöningh, 1998 (1762), S. 394
24 Vgl. Evke Rulffes, Die Erfindung der Hausfrau – Geschichte einer Entwertung, HarperCollins, 2021, S. 172 f.
25 Vgl. ebd., S. 173 f.
26 Vgl. Daphna Joel, Das Gehirn hat kein Geschlecht, München, dtv Verlagsgesellschaft mbH & Co. KG, 2019, S. 26
27 Vgl. Evke Rulffes, Die Erfindung der Hausfrau – Geschichte einer Entwertung, HarperCollins, 2021, S. 173 ff.
28 Ebd. S. 180
29 Ebd. S.179 f.
30 Elisabeth Badinter, Die Mutterliebe, München, R. Piper & Co. Verlag, 1981, S. 156
31 Vgl. SWR2 Wissen »Die Hausfrau – Was Care-Arbeit mit Kapitalismus zu tun hat«, 2022, https://www.ardaudiothek.de/episode/swr2-wissen/die-hausfrau-was-care-arbeit-mit-kapitalismus-zu-tun-hat/swr2/10780525/
32 Vgl. Elisabeth Badinter, Die Mutterliebe, München, R. Piper & Co. Verlag, 1981, S.203 f.
33 Vgl. Franziska Schutzbach, Die Erschöpfung der Frauen. Wider die weibliche Verfügbarkeit, Droemer Verlag, 2021, S. 176
34 Vgl. Chelsea Conaboy, Mother Brain. Separating Myth from Biology – the Science of the Parental Brain, Weidenfeld & Nicolson, 2022, S. 33
35 Vgl. ebd.
36 Vgl. Franziska Schutzbach Die Erschöpfung der Frauen. Wider die weibliche Verfügbarkeit, Droemer Verlag, 2021, S. 78

37 Ebd., S. 205
38 Vgl. Elisabeth Badinter, Die Mutterliebe, R. Piper & Co. Verlag, München 1981, S. 189 f.
39 Vgl. ebd., S. 157
40 Vgl. Gudrun Mangold, »Freud Analyse – Runter von der Couch«, Tagesspiegel, 2011, https://www.tagesspiegel.de/kultur/runter-von-der-couch-7025923.html
41 Vgl. Chelsea Conaboy, Mother Brain. Separating Myth from Biology – the Science of the Parental Brain, Weidenfeld & Nicolson, 2022, S.36
42 Vgl. Franziska Schutzbach, Die Erschöpfung der Frauen. Wider die weibliche Verfügbarkeit, Droemer Verlag, 2021, S. 208
43 Vgl. Ulrike Wagner-Rau, »Mutterbilder in der christlichen Theologie und Frömmigkeitspraxis.« In Mutterbilder. Kulturhistorische, sozialpolitische und psychoanalytische Perspektiven. Helga Krüger-Kirn, Marita Metz-Becker, Ingrid Rieken (Hg), Psychosozial Verlag, 2016, S. 67
44 Vgl. Gerlinde Unverzagt, »Mutti, wie hast du dich verändert«, Berliner Morgenpost, 2017, https://www.morgenpost.de/berlin/article210564351/Mutti-wie-hast-du-dich-veraendert.html
45 Vgl. Franziska Schutzbach, Die Erschöpfung der Frauen. Wider die weibliche Verfügbarkeit, Droemer Verlag, 2021, S. 183
46 Vgl. Goddemeier Christof, »Donald Winnicott (1896–1971): Wegbereiter der Kinderpsychotherapie«, 2021, https://www.aerzteblatt.de/archiv/217726/Donald-Winnicott-(1896-1971)-Wegbereiter-der-Kinderpsychotherapie
47 Vgl. Elisabeth Badinter, Die Mutterliebe, R. Piper & Co. Verlag, München 1981, S. 249
48 Vgl. Elisabeth Badinter, Die Mutterliebe, R. Piper & Co. Verlag, München 1981, S. 251
49 Vgl. Franziska Schutzbach, Die Erschöpfung der Frauen. Wider die weibliche Verfügbarkeit, Droemer Verlag, 2021, S. 182
50 Vgl. Ask Dr. Sears, https://www.askdrsears.com/topics/parenting/attachment-parenting/
51 Ebd.
52 Helga Krüger-Kirn, Leila Zoe Tichy, Elternschaft und Gendertrouble. Geschlechterkritische Perspektiven auf den Wandel der Familie. Opladen/Berlin/Toronto: Verlag Barbara Budrich, 2021, S. 97-123
53 Vgl. Franziska Schutzbach, Die Erschöpfung der Frauen. Wider die weibliche Verfügbarkeit, Droemer Verlag, 2021, S. 184
54 Vgl. Sarah Blaffer Hrdy, Mutter Natur. Die weibliche Seite der Evolution, Berlin Verlag, 2000, S. 182

55 Vgl. Franziska Schutzbach, Die Erschöpfung der Frauen. Wider die weibliche Verfügbarkeit, Droemer Verlag, 2021, S. 77

56 Vgl. ebd., S. 174

57 Vgl. Sarah Blaffer Hrdy, Mutter Natur. Die weibliche Seite der Evolution, Berlin Verlag, 2000, S. 356

58 Vgl. ebd., S. 48 f.

Teil 2: Die Hirnforschung zum Thema Mutterinstinkt – HERstory

1 Vgl. Dana Raphael, Being Female: Reproduction, Power, and Change (World Anthropology), De Gruyter Mouton, 1975, S. 65

2 Vgl. Edwina R. Orchard, Helena J. V. Rutherford, Avram J. Holmes, Sharna D. Jamadar, »Matrescence: lifetime impact of motherhood on cognition and the brain, Trends in Cognitive Sciences«, 2023, https://www.sciencedirect.com/science/article/pii/S1364661322003023

3 Vgl. Aurélie Athan, »Matrescence: the emerging mother«, 2019, https://medium.com/@ama81/matrescence-the-emerging-mother-69d1699ff0cc

4 Vgl. https://www.ted.com/talks/alexandra_sacks_a_new_way_to_think_about_the_transition_to_motherhood

5 Im Deutschen sprechen wir in der Regel von der Pubertät. Auch wenn diese mit der biologischen Reifung eigentlich nur einen Teil der Adoleszenz darstellt.

6 Gespräch mit den Schwesterherzen Doulas

7 Vgl. Max-Planck-Gesellschaft, https://www.mpg.de/151390/hirnforschung

8 MRT ist die Magnetresonanztomographie – ein bildgebendes Verfahren zur Darstellung von Struktur und Funktion der Gewebe und Organe im Körper

9 Vgl. Angela Oatridge et al., »Change in Brain Size during and after Pregnancy: Study in Healthy Women and Women with Preeclampsia«, American Journal of Neuroradiology, January 2002, 23 (1) 19–26, https://www.ncbi.nlm.nih.gov/pmc/articles/PMC7975506/

10 Vgl. ebd.

11 Vgl. ebd.

12 Interview mit Elseline Hoekzema am 9. Juni 2022

13 Vgl. ebd.

14 Vgl. Hoekzema et al., »Becoming a mother entails anatomical changes in the ventral striatum of the human brain that facilitate its responsi-

veness to offspring cues«, Psychoneuroendocrinology, Volume 112, February 2020, 104507, S. 7.

15 Vgl. Edwina R. Orchard, Helena J. V. Rutherford, Avram J. Holmes, Sharna D. Jamadar, »Matrescence: lifetime impact of motherhood on cognition and the brain, Trends in Cognitive Sciences«, 2023, https://www.sciencedirect.com/science/article/pii/S1364661322003023

16 Pregnancy Birth and Beyond, https://www.pbbmedia.org/ne-plus-ultra/were-you-supported-during-your-matrescence

17 Interview mit Elseline Hoekzema am 9. Juni 2022

18 Vgl. Hoekzema et al., »Becoming a mother entails anatomical changes in the ventral striatum of the human brain that facilitate its responsiveness to offspring cues.« Psychoneuroendocrinology. 2020, https://pubmed.ncbi.nlm.nih.gov/31757430/

19 Vgl. Abigail Tucker, Was es bedeutet, eine Mutter zu werden, Berlin, Ullstein Paperback, 2021, S. 54

20 Vgl. W. E. Wilsoncroft, »Babies by bar-press: Maternal behavior in the rat«. 1968, 229 f. https://doi.org/10.3758/BF03208105

21 Vgl. Elseline Hoekzema et al. »Mapping the effects of pregnancy on resting state brain activity, white matter microstructure, neural metabolite concentrations and grey matter architecture«. Nat Commun 13, 2022, https://www.nature.com/articles/s41467-022-33884-8

22 Vgl. Stangl, W., »Theory of Mind«, 2022, https://lexikon.stangl.eu/511/theory-of-mind

23 Interview mit Elseline Hoekzema am 9. Juni 2022

24 Vgl. Prof. Dr. med. Martin Mack, Facharzt für Diagnostische Radiologie und u. a. Experte für die CT- und MRT-Diagnostik aller Organe, Radiologie München, vgl. https://www.focus.de/gesundheit/experten/mrt-in-der-schwangerschaft-arzt-beantwortet-wichtige-fragen_id_10064149.html

25 Vgl. Luders et al. 2020, Lisofsky et al. 2019, Kim et al. 2010, Hoekzema et al. 2017, Oatridge et al. 2002

26 Vgl. ebd.

27 Interview mit Elseline Hoekzema am 9. Juni 2022

28 Vgl. Abigail Tucker, Was es bedeutet, eine Mutter zu werden, Ullstein Verlag Berlin, 2021, S. 120, und Pavol Prokop, Jana Fančovičová, »Mothers are less disgust sensitive than childless females, Personality and Individual Differences«, Volume 96, 2016,Pages 65-69, https://www.sciencedirect.com/science/article/abs/pii/S0191886916301192

29 Vgl. Abigail Tucker, Was es bedeutet, eine Mutter zu werden, Ullstein Verlag Berlin, 2021, S. 121

30 Ebd., S. 122

31 Ebd., S. 124

32 Vgl. Sarah Blaffer Hrdy, Mutter Natur. Die weibliche Seite der Evolution, Berlin Verlag, 2000, S. 202

33 Ebd., S. 203

34 Vgl. Jodi L. Pawluski, Elseline Hoekzema, Benedetta Leuner, Joseph Lonstein, »Less Can Be More: Fine Tuning the Maternal Brain«, Neuroscience and Biobehavioral Reviews, 2022, https://pubmed.ncbi.nlm.nih.gov/34864004/

35 Vgl. Abigail Tucker, Was es bedeutet, eine Mutter zu werden, Ullstein Verlag Berlin, 2021, S. 125

36 Vgl. Jodi L. Pawluski, Elseline Hoekzema, Benedetta Leuner, Joseph Lonstein, »Less Can Be More: Fine Tuning the Maternal Brain«, Neuroscience and Biobehavioral Reviews, 2022, https://pubmed.ncbi.nlm.nih.gov/34864004/

37 Vgl. Jennifer Hahn-Holbrook, »Die psychischen Effekte des Stillens«, The Global Health Network, 2022, https://tghncollections.pubpub.org/pub/8-die-psychischen-effekte-des-stillens/release/1

38 Ebd.

39 Vgl. Sarah Blaffer Hrdy, Mutter Natur. Die weibliche Seite der Evolution, Berlin Verlag, 2000, S. 209 f.

40 Vgl. Robert Bublak, »Stillen macht Mütter aggressiv«, Ärzte Zeitung, 2011, https://www.aerztezeitung.de/Medizin/Stillen-macht-Muetter-aggressiv-261021.html

41 Vgl. Abigail Tucker, Was es bedeutet, eine Mutter zu werden, Ullstein Verlag Berlin, 2021, S. 129

42 Vgl. Davies SJ, Lum JA, Skouteris H, Byrne LK, Hayden MJ. »Cognitive impairment during pregnancy: a meta-analysis«, Med J Aust., 2018, https://pubmed.ncbi.nlm.nih.gov/29320671/

43 Vgl. Max-Planck-Institut, »Zeig' mir deinen Hirnscan und ich sag' dir, wie alt du wirklich bist«, 2022, https://www.cbs.mpg.de/zeig-mir-deinen-hirnscan-und-ich-sag-dir-wie-alt-du-wirklich-bist

44 Vgl. Elkadry E, Kenton K, White P, Creech S, Brubaker L. »Do mothers remember key events during labor?«, Am J Obstet Gynecol. 2003, https://pubmed.ncbi.nlm.nih.gov/12861162/

45 Vgl. McKay S, Barrows TL. »Reliving birth: maternal responses to viewing videotape of their second stage labors«. Image J Nurs Sch., 1992, https://pubmed.ncbi.nlm.nih.gov/1541467/

46 Vgl. Laura M. Glynn, »Increasing Parity Is Associated with Cumulative Effects on Memory«, Journal of Women's Health, Oct 2012. 1038-1045, http://doi.org/10.1089/jwh.2011.3206

47 Vgl. Edwina R. Orchard, Helena J. V. Rutherford, Avram J. Holmes,

Sharna D. Jamadar, »Matrescence: lifetime impact of motherhood on cognition and the brain, Trends in Cognitive Sciences«, 2023, https://www.sciencedirect.com/science/article/pii/S1364661322003023

48 Vgl. Jodi L. Pawluski, »Memory and Motherhood: Is It Better Than What We Think?« Journal of Women's Health, Aug 2022,1067-1068. http://doi.org/10.1089/jwh.2022.0150

49 Vgl. Callaghan B, McCormack C, Tottenham N, Monk C. »Evidence for cognitive plasticity during pregnancy via enhanced learning and memory«. Memory. 2022, https://pubmed.ncbi.nlm.nih.gov/34985388/

50 Vgl. Jodi Pawluski, »31. Memory Expertise in Pregnancy«, Mommy Brain Revisited Podcast, 2022, https://www.jodipawluski.com/mommybrainrevisited/episode/24d30f8f/31-memory-expertise-in-pregnancy

51 Vgl. Bridget Callaghan et al., »Evidence for cognitive plasticity during pregnancy via enhanced learning and memory«. 2022, https://doi.org/10.1080/09658211.2021.2019280

52 Vgl. Edwina Orchard et al., »Evidence of Subjective, But Not Objective, Cognitive Deficit in New Mothers at 1-Year Postpartum«. J Womens Health, 2022, https://pubmed.ncbi.nlm.nih.gov/35980243/

53 Vgl. Carrie Cuttler, Jodi Pawluski, Peter Graf, Liisa Galea, »Everyday life memory deficits in pregnant women.« Canadian Journal of Experimental Psychology/Revue canadienne de psychologie expérimentale, 2011, https://pubmed.ncbi.nlm.nih.gov/21443327/

54 Vgl. Jodi Pawluski, »Memory and Motherhood: Is It Better Than What We Think?«, Journal of Women's Health, 2022, https://www.liebertpub.com/doi/10.1089/jwh.2022.0150

55 Vgl. Edwina R. Orchard, Helena J. V. Rutherford, Avram J. Holmes, Sharna D. Jamadar, »Matrescence: lifetime impact of motherhood on cognition and the brain, Trends in Cognitive Sciences«, 2023, https://www.sciencedirect.com/science/article/pii/S1364661322003023

56 Vgl. Edwina R. Orchard, Helena J. V. Rutherford, Avram J. Holmes, Sharna D. Jamadar, »Matrescence: lifetime impact of motherhood on cognition and the brain«, 2023, https://www.sciencedirect.com/science/article/pii/S1364661322003023

57 Vgl. Magdalena Martínez-García, María Paternina-Die, Manuel Desco, Oscar Vilarroya, Susanna Carmona, »Characterizing the Brain Structural Adaptations Across the Motherhood Transition«, Frontiers in Global Women's Health, 07 October, 2021, https://www.frontiersin.org/articles/10.3389/fgwh.2021.742775/full

58 Vgl. Thomas Müller, »Schwangerschaften scheinen vor Alzheimer zu

schützen«, Die Neurologie und Psychiatrie, Ausgabe 5, 2018, https://doi.org/10.1007/s15202-018-2049-8

59 Vgl. Louann Brizendine, The Female Brain, New York, Harmony, 2007, S. 105

60 Vgl. Angela N. Maupin, Helena J. V. Rutherford, Nicole Landi, Marc N. Potenza, Linda C. Mayes, »Investigating the association between parity and the maternal neural response to infant cues«, 2019, https://doi.org/10.1080/17470919.2017.1422276

61 Vgl. Abigail Tucker, »Was es bedeutet, eine Mutter zu werden«, Ullstein Paperback, Berlin 2021, S. 108

62 Vgl. Sarah Blaffer Hrdy, Mutter Natur. Die weibliche Seite der Evolution, Berlin Verlag, 2000, S. 362

63 Vgl. Abigail Tucker, Was es bedeutet, eine Mutter zu werden, Ullstein Paperback, Berlin 2021, S. 251

64 Vgl. ebd., S. 42

65 Vgl. Sarah Blaffer Hrdy, Mutter Natur. Die weibliche Seite der Evolu tion, Berlin Verlag, 2000, S. 135 f.

66 Vgl. Julian Packheiser, Judith Schmitz, Gesa Berretz, Marietta Papadatou-Pastou, Sebastian Ocklenburg, » Handedness and sex effects on lateral biases in human cradling: Three meta-analyses«, euroscience & Biobehavioral Reviews, Volume 104,2019, https://brill.com/view/journals/beh/136/4/article-p469_5.xml

67 Vgl. Gillian S. Forrester, Rachael Davis, Denis Mareschal, Gianluca Malatesta, Brenda K. Todd, »The left cradling bias: An evolutionary facilitator of social cognition?«, Cortex, Volume 118, 2019, Pages 116-131, ISSN 0010-9452, https://doi.org/10.1016/j.cortex.2018.05.011.

68 Vgl. Abigail Tucker, Was es bedeutet, eine Mutter zu werden, Ullstein Paperback, Berlin 2021, S. 252

69 Vgl. Sohye Kim, Peter Fonagy, Jon Allen & Lane Strathearn, »Mothers' unresolved trauma blunts amygdala response to infant distress«, S. 352-363 | Received 07 Sep 2013, Accepted 13 Feb 2014, Published online: 17 Mar 2014, https://doi.org/10.1080/17470919.2014.896287

70 Vgl. Pilyoung Kim, Christian G. Capistrano, Andrew Erhart, Rachel Gray-Schiff, Nanxi Xu, »Socioeconomic disadvantage, neural responses to infant emotions, and emotional availability among first-time new mothers«, Behavioural Brain Research, Volume 325, Part B, 2017, Pages 188-196, ISSN 0166-4328, https://doi.org/10.1016/j.bbr.2017.02.001

71 Vgl. Abigail Tucker, Was es bedeutet, eine Mutter zu werden, Ullstein Paperback, Berlin 2021, S. 270

72 Vgl. ebd., S. 271

73 Vgl. Abigail Tucker, Was es bedeutet, eine Mutter zu werden, Ullstein Paperback, Berlin 2021, S. 141

74 Vgl. Vossen, Timmermans, Albers, »Evidence for the existence of mothering styles in guinea pigs (Cavia Aperea F. Porcellus)«, Behavior, 1999, https://brill.com/view/journals/beh/136/4/article-p469_5.xml

75 Vgl. Abigail Tucker, Was es bedeutet, eine Mutter zu werden, Ullstein Paperback, Berlin 2021, S. 146

76 Vgl. Sarah Blaffer Hrdy, Mutter Natur. Die weibliche Seite der Evolution, Berlin Verlag, 2000, S. 210

77 Vgl. Jörg Zittlau, »Jeder Mensch ist eine Frühgeburt«, Frankfurter Rundschau, 2013, https://www.fr.de/wissen/jeder-mensch-eine-fruehgeburt-11273795.html

78 Vgl. Remo H. Largo, Baby Jahre, Piper Verlag, 2010, S. 77

79 Vgl. Andrea Caria, Simona De Falco, Paola Venuti, Sangkyun Lee, Gianluca Esposito, Paola Rigo, Niels Birbaumer, Marc H.Bornsteine, »Species-specific response to human infant faces in the premotor cortex«, Neuroimage, Vol 60, Issue 2, April 2012, https://www.sciencedirect.com/science/article/abs/pii/S1053811911014704

80 Vgl. Gianluca Esposito, Jun Nakazawa, Shota Ogawa, Rita Stival, Akiko Kawashima, Diane L. Putnick, Marc H. Bornstein, »Baby, You Light-Up My Face: Culture-General Physiological Responses to Infants and Culture-Specific Cognitive Judgements of Adults«, 2014, https://journals.plos.org/plosone/article?id=10.1371/journal.pone.0106705

81 Vgl. Remo H. Largo, Babyjahre, Piper Verlag, 2010, S. 77

82 Vgl. Elisabeth Wenger, Ulman Lindenberger, »Gehirnplastizität und das umgekehrte U: Zum Verlauf erfahrungsbedingter Veränderungen der Gehirnstruktur beim Menschen«, Forschungsbericht 2016, Max-Planck-Institut für Bildungsforschung, https://www.mpg.de/10935590/mpib_jb_2016

83 Vgl. Katherine Woollett, Eleanor A. Maguire, »Acquiring ›the Knowledge‹ of London's Layout Drives Structural Brain Changes«, https://www.ncbi.nlm.nih.gov/pmc/articles/PMC3268356/

84 Vgl. ebd.

85 Vgl. Pedro Mateos-Aparicio, Antonio Rodríguez-Moreno, »The Impact of Studying Brain Plasticity«, 2019, https://www.frontiersin.org/articles/10.3389/fncel.2019.00066/full

86 Vgl. Magdalena Martínez-García et al., »First-time fathers show longitudinal gray matter cortical volume reductions: evidence from two international samples«, Cerebral Cortex, 2022, bhac333, https://doi.org/10.1093/cercor/bhac333

87 Vgl. Magdalena Martínez-García et al., »First-time fathers show longitudinal gray matter cortical volume reductions: evidence from two international samples«, Cerebral Cortex, 2022, bhac333, https://doi.org/10.1093/cercor/bhac333

88 Vgl. Darby Saxbe, Magdalena Martínez-García, Cortical volume reductions in men transitioning to first-time fatherhood reflect both parenting engagement and mental health risk, Cerebral Cortex, Volume 34, Issue 4, April 2024, bhae126, https://doi.org/10.1093/cercor/bhae126

89 Vgl. ebd.

90 Vgl. Eyal Abraham, Talma Hendler, Irit Shapira-Lichter, Ruth Feldman et al., »Father's brain is sensitive to childcare experiences«, PNAS, Vol 111, Nr. 27, 2014, https://www.pnas.org/doi/pdf/10.1073/pnas.1402569111

91 Vgl. Chelsea Conaboy, Mother Brain: Separating Myth from Biology – the Science of the Parental Brain. Orion, Kindle Version, S. 157

92 Vgl. ebd., S. 155

93 Vgl. ebd.

94 Vgl. Sally A. Brinkman, »Efficacy of infant simulator programmes to prevent teenage pregnancy: a school-based cluster randomised controlled trial in Western Australia«, PhD, August 25, 2016, https://doi.org/10.1016/S0140-6736(16)30384-1

95 Vgl. Chelsea Conaboy, Mother Brain: Separating Myth from Biology – the Science of the Parental Brain. Orion, Kindle-Version, S. 156

96 Vgl. ebd., S. 49 f.

97 Vgl. Kyle Pruett, »Building the House Within Speaker Series – Paternal Instinct«, Simms/Mann Institute, 2014, https://www.youtube.com/watch?v=V2fkFYO4Yk4&t=2767s

98 Vgl. Sarah Blaffer Hrdy, Mutter Natur. Die weibliche Seite der Evolution, Berlin Verlag, 2000, S. 253

99 Vgl. ebd.

100 Vgl. Herbert Renz-Polster, Kinder verstehen, Kösel, München 2015

101 Vgl. Ruth Feldman, https://ruthfeldmanlab.com/wp-content/uploads/2019/06/biobehavioral-synchrony.PARENTING2012.pdf

102 Vgl. Trinh Nguyen et al., »Interpersonal Neural Synchrony During Father – Child Problem Solving: An fNIRS Hyperscanning Study«, First published: 10 January 2021, https://doi.org/10.1111/cdev.13510

103 Vgl. Abigail Tucker, Was es bedeutet, eine Mutter zu werden, Ullstein Verlag Berlin, 2021, S. 41

104 Vgl. ebd., S. 211

105 Vgl. Janet A. Dipietro et al., »The psychophysiology of the maternal–

fetal relationship«, First published: 26 April 2004, https://pubmed.ncbi.nlm.nih.gov/15189474/

106 Vgl. Abigail Tucker, Was es bedeutet, eine Mutter zu werden, Ullstein Verlag Berlin, 2021, S. 211

107 Ebd.

108 Vgl. ebd., S. 212

109 Vgl. ebd., S. 86

110 Vgl. Max-Planck-Gesellschaft, »Die Stummschaltung im Genom aufheben«, 2022, https://www.mpg.de/18129995/die-stummschaltung-im-genom-aufheben

111 Vgl. Abigail Tucker, Was es bedeutet, eine Mutter zu werden, Ullstein Verlag Berlin, 2021, S. 86 ff.

112 Vgl. Veronika Hackenbroch, »Invasion der kindlichen Zellen«, Spiegel, 4/2009, http://magazin.spiegel.de/EpubDelivery/spiegel/pdf/63637479

113 Vgl. Abigail Tucker, Was es bedeutet, eine Mutter zu werden, Ullstein Verlag Berlin, 2021, S. 89

114 Vgl. Sarah Blaffer Hrdy, Mutter Natur. Die weibliche Seite der Evolution, Berlin Verlag, 2000, S. 123

115 Vgl. Judith Merkelt, »Wir Omamutterkind-Mischwesen«, Spektrum.de, 2015, https://www.spektrum.de/news/wir-omamutterkind-mischwesen/1345475

116 Vgl. ebd.

117 Vgl. Abigail Tucker, Was es bedeutet, eine Mutter zu werden, Ullstein Verlag, Berlin, 2021, S. 13

118 Vgl. Judith Merkelt, »Wir Omamutterkind-Mischwesen«, Spektrum.de, 2015, https://www.spektrum.de/news/wir-omamutterkind-mischwesen/1345475

119 Vgl. Abigail Tucker, Was es bedeutet, eine Mutter zu werden, Ullstein Verlag, Berlin, 2021, S. 16

120 Vgl. University of Cambridge, »Why baby's sex may influence risk of pregnancy-related complicatations.« ScienceDaily, 12 July 2018, www.sciencedaily.com/releases/2018/07/180712100532.htm

121 Vgl. University of Cambridge, »Why baby's sex may influence risk of pregnancy-related complicatations.« ScienceDaily, 12 July 2018, www.sciencedaily.com/releases/2018/07/180712100532.htm sowie vgl. Abigail Tucker, Was es bedeutet, eine Mutter zu werden, Ullstein Verlag Berlin, 2021, S. 235

122 Vgl. Myers, Johns SE, »Male infants and birth complications are associated with increased incidence of postnatal depression«, Soc Sci Med. 2019, https://doi.org/10.1016/j.socscimed.2018.10.008

123 Vgl. Peggy Paschke, »Mikrochimären«, Laborjournal-Ausgabe 11, 2008, https://www.laborjournal.de/rubric/stichwort/stichwort/w_08_11.php

124 Vgl. Denise Hilfiker-Kleiner, Elisabeth Schieffer et al., »Postpartum cardiomyopathy: a cardiac emergency for gynecologists, general practitioners, internists, pulmonologists, and cardiologists«, Deutsches Ärzteblatt International, 2008, https://pubmed.ncbi.nlm.nih.gov/19623273/

125 Vgl. G. Lim, »Do fetal cells repair maternal hearts?« Nat Rev Cardiol, 9, 67 2012, https://doi.org/10.1038/nrcardio.2011.197

126 Vgl. Conaboy, Chelsea. Mother Brain: Separating Myth from Biology – the Science of the Parental Brain, Orion, Kindle-Version, S. 241

127 Vgl. Abigail Tucker, Was es bedeutet, eine Mutter zu werden, Ullstein Verlag, Berlin, 2021, S.17

128 Vgl. Cathrin Kahlweit, »Haben Sie ein Lieblingskind?«, Süddeutsche Zeitung, 2016, https://sz-magazin.sueddeutsche.de/familie/haben-sie-ein-lieblingskind-82253

129 Vgl. »Was Eltern liebe macht«, Neue Züricher Zeitung, 2012, https://www.nzz.ch/was-eltern-liebe-macht-ld.637876

130 Vgl. Jeffrey Kluger, »Playing Favorites: Why Mom Likes You (or One of Your Siblings) Best«, Time, 2011, https://healthland.time.com/2011/09/22/favoritism-why-mom-likes-you-or-one-of-your-siblings-best/

131 Vgl. Cathrin Kahlweit, »Haben Sie ein Lieblingskind?«, Süddeutsche Zeitung Magazin, Heft 9/2012, https://sz-magazin.sueddeutsche.de/familie/haben-sie-ein-lieblingskind-82253

132 Vgl. »Was Eltern liebe macht«, Neue Züricher Zeitung, 2012, https://www.nzz.ch/was-eltern-liebe-macht-ld.637876

133 Vgl. ebd., S. 86

134 Vgl. Montirosso R, Arrigoni F, Casini E, Nordio A, De Carli P, Di Salle F, Moriconi S, Re M, Reni G, Borgatti R. »Greater brain response to emotional expressions of their own children in mothers of preterm infants: an fMRI study«. J Perinatol. 2017, https://doi.org/10.1038/jp.2017.2

135 Vgl. Conaboy, Chelsea, Mother Brain: Separating Myth from Biology – the Science of the Parental Brain. Orion, Kindle-Version, S. 86

136 Vgl. ebd., S. 83

137 Vgl. ebd., S. 85

138 Vgl. Sarah Blaffer Hrdy, Mutter Natur. Die weibliche Seite der Evolution, Berlin Verlag, 2000, S. 567

139 Vgl. ebd., S. 568

140 Vgl. ebd.

141 Vgl. ebd., S. 448

142 Vgl. ebd.

143 Vgl. Abigail Tucker, Was es bedeutet, eine Mutter zu werden, Ullstein Verlag Berlin, 2021, S. 207

144 Vgl. »Weckruf der Urzeit«, Welt.de, 2014, https://www.welt.de/print/die_welt/wissen/article126997431/Weckruf-der-Urzeit.html, Veröffentlicht am 16.04.2014

145 Vgl. Jodi Pawluski, »Adult-Infant Brain Synchrony and the Importance of Maternal Cues«, Mommy Brain Revisited Podcast, 1/24/2022, https://www.jodipawluski.com/mommybrainrevisited/episode/3d1649bf/30-adult-infant-brain-synchrony-and-the-importance-of-maternal-cues, Minute 35:00

Teil 3: Leben in einer Gesellschaft ohne Mutterinstinkt – OURstory

1 Vgl. Susanne Mierau, Mutter. Sein. Von der Last eines Ideals und dem Glück des eigenen Wegs. Beltz Verlag, 2019, S. 9

2 Vgl. Edwina R. Orchard, Helena J. V. Rutherford, Avram J. Holmes, Sharna D. Jamadar, »Matrescence: lifetime impact of motherhood on cognition and the brain, Trends in Cognitive Sciences«, 2023, https://www.sciencedirect.com/science/article/pii/S1364661322003023

3 Vgl. Sarah Blaffer Hrdy, Mutter Natur. Die weibliche Seite der Evolution, Berlin Verlag, 2000, S. 363

4 Vgl. ebd.

5 Vgl. »Depression nach der Geburt trifft auch Väter: Frühzeitige Hilfe wichtig«, Neurologen und Psychiater im Netz, 2017, https://www.neurologen-und-psychiater-im-netz.org/neurologie/ratgeber-archiv/artikel/depression-nach-der-geburt-trifft-auch-vaeter-fruehzeitige-hilfe-wichtig

6 Prof. Dr. Carmine Pariante im Gespräch mit Jodi Pawluski, »The Perfect Storm: Understanding Perinatal Mental Illness«, 2022,https://www.inspirethemind.org/post/the-perfect-storm-understanding-perinatal-mental-illness

7 Ebd.

8 Vgl. ebd.

9 Vgl. Dr. Ruth Feldman, »Do All Parent's Brains Change During Pregnancy?« Simms/Mann Institute, 2017, https://www.youtube.com/watch?v=0zmHNfNHdbc&t=11s

10 Dr. Ruth Feldman, »Learning to Synchronize«, Simms/Mann Institute, 2017, https://www.youtube.com/watch?v=HS3Y7O-3KsA, übersetzt aus dem Englischen

11 Prof. Dr. Carmine Pariante im Gespräch mit Jodi Pawluski, »The Perfect Storm: Understanding Perinatal Mental Illness«, 2022, https://www.inspirethemind.org/post/the-perfect-storm-understanding-perinatal-mental-illness

12 Amtsblatt der Europäischen Union, 2019, https://eur-lex.europa.eu/legal-content/DE/TXT/PDF/?uri=CELEX:32019L1158&rid=1

13 Vgl. Deutsche Handwerkszeitung, »Vaterschaftsurlaub: Deutschland setzt EU-Regeln vorerst nicht um«, 2022, https://www.deutsche-handwerks-zeitung.de/vaterschaftsurlaub-deutschland-setzt-eu-regeln-vorerst-nicht-um-253223/

14 Ebd.

15 Vgl. David J. Varricchio et al., »Avian Paternal Care Had Dinosaur Origin«, Science, 19 Dec 2008, Vol 322, Issue 5909, pp. 1826 1828, DOI: 10.1126/science.1163245

16 Vgl. Petra Persson, Maya Rossin-Slater, »When Dad Can Stay Home: Fathers' Workplace Flexibility and Maternal Health«, S. 61 f., WORKING PAPER 25902 DOI 10.3386/w25902, ISSUE DATE May 2019, REVISION DATE October 2019, https://www.nber.org/papers/w25902

17 Vgl. ebd., S. 1

18 Vgl. Julie S. Moldenhauer, »Übersicht über die Versorgung nach der Geburt«, 2022, https://www.msdmanuals.com/de-de/heim/gesundheitsprobleme-von-frauen/versorgung-nach-der-geburt/%C3%BCbersicht-zur-wochenbettphase-postpartaler-abschnitt

19 Vgl. Nina Martin, Renee Montagne, »The Last Person You›d Expect To Die In Childbirth«, Lost Mothers: Maternal Mortality in the U-S., https://www.npr.org/2017/05/12/527806002/focus-on-infants-during-childbirth-leaves-u-s-moms-in-danger

20 Vgl. Petra Persson, Maya Rossin-Slater, »When Dad Can Stay Home: Fathers' Workplace Flexibility and Maternal Health«, S. 61 f., 2019, https://www.nber.org/papers/w25902

21 Vgl. ebd., S. 8

22 Vgl. ebd., S. 61 f.

23 Vgl. ebd., S. 2

24 Vgl. Deutscher Bundestag, https://www.bundestag.de/resource/blob/678118/fe6786d7febcf160b2ddbddc34d40ce1/WD-9-089-19-pdf-data.pdf

25 Vgl. Bundesministerium für Familie, Senioren, Frauen und Jugend,

»Väterreport. Update 2021«, https://www.bmfsfj.de/resource/blob/186176/81ff4612aee448c7529f775e60a66023/vaeterreport-update-2021-data.pdf

26 Vgl. McKinsey, »A fresh look at paternity leave: Why the benefits extend beyond the personal«, 2021, https://www.mckinsey.com/capabilities/people-and-organizational-performance/our-insights/a-fresh-look-at-paternity-leave-why-the-benefits-extend-beyond-the-personal

27 Die Befragten waren ausschließlich heterosexuelle Väter. Familien mit zwei Müttern oder zwei Vätern, Adoptiveltern etc. seien aber mit vergleichbaren Herausforderungen konfrontiert.

28 Vgl. Building the House Within Speaker Series, »Paternal Instinct«, https://www.youtube.com/watch?v=V2fkFYO4Yk4&t=1276s

29 Vgl. Nina Ayerle, »Wie Väter ihre Töchter prägen«, Spektrum.de, 2021, https://www.spektrum.de/news/familie-wie-wichtig-ist-die-vater-tochter-beziehung/1900090

30 Vgl. Abigail Tucker, Was es bedeutet, eine Mutter zu werden, Ullstein Verlag Berlin, 2021, S. 335

31 Vgl. ebd., S. 336

32 Vgl. Charlotte Hutting, »What Is a Kraamverzorgster and Where Can I Find One?«, Amsterdam-mamas.nl, 2017, https://amsterdam-mamas.nl/articles/what-is-a-kraamverzorgster-and-where-can-i-find-one/

33 Vgl. Marianne Arens, »Systemrelevant & totgespart«: Kitapersonal fordert bessere Arbeitsbedingungen«, World Socialist Web Site, 2022, https://www.wsws.org/de/articles/2022/05/05/kita-m05.html

34 Vgl. Bundesministerium für Familie, Senioren, Frauen und Jugend, »Soziale Berufe – interessant für Frauen und Männer«, 2021, https://www.bmfsfj.de/bmfsfj/themen/gleichstellung/aufwertung-sozialer-berufe/soziale-berufe-interessant-fuer-frauen-und-maenner-181446

35 Vgl. »Deutschland gibt gemessen am BIP vergleichsweise wenig für Bildung aus«, Statista, 2020, https://de.statista.com/infografik/15423/bildungsausgaben-gemessen-am-bip/

36 Vgl. Regenbogenportal, »Aktuelle Herausforderungen für Regenbogenfamilien«, Regenbogenportal.de, https://www.regenbogenportal.de/informationen/aktuelle-herausforderungen-fuer-regenbogen-familien

37 Vgl. https://www.regenbogenportal.de/informationen/regenbogen-familien-rechtliche-rahmenbedingungen

38 Vgl. ebd.

39 Vgl. Stephen Morris, »Domino Chain Reaction«, https://www.youtube.com/watch?v=y97rBdSYbkg

40 Vgl. Bundesministerium für Familie, Senioren, Frauen und Jugend, »Stief- und Patchworkfamilien in Deutschland«, https://www.bmfsfj.de/resource/blob/76242/1ab4cc12c386789b943fc7e12fdef6a1/monitor-familienforschung-ausgabe-31-data.pdf

41 Vgl. Franziska Schutzbach, Die Erschöpfung der Frauen. Wider die weibliche Verfügbarkeit. Droemer Verlag, 2021, S. 257

42 Oxfam Deutschland, »Unbezahlte Hausarbeit, Pflege und Fürsorge«, https://www.oxfam.de/unsere-arbeit/themen/care-arbeit

43 Oxfam Deutschland, »12 Milliarden Stunden Arbeit – ohne bezahlt zu werden«, 2020, https://www.oxfam.de/ueber-uns/aktuelles/oxfams-studie-sozialer-ungleichheit-12-milliarden-stunden-arbeit-ohne-bezahlt

44 Statistisches Bundesamt, »Väter bei Geburt von Kindern im Jahr 2019 im Durchschnitt 34,6 Jahre alt« https://www.destatis.de/DE/Presse/Pressemitteilungen/2020/10/PD20_411_12.html

45 Bundesministerium für Familie, Senioren, Frauen und Jugend, »Gender Care Gap – ein Indikator für die Gleichstellung«, 2019, https://www.bmfsfj.de/bmfsfj/themen/gleichstellung/gender-care-gap/indikator-fuer-die-gleichstellung/gender-care-gap-ein-indikator-fuer-die-gleichstellung-137294

46 Statistisches Bundesamt, »Personen in Elternzeit«, https://www.destatis.de/DE/Themen/Arbeit/Arbeitsmarkt/Qualitaet-Arbeit/Dimension-3/elternzeit.html

47 Bundesministerium für Familie, Senioren, Frauen und Jugend, »Väterreport. Update 2021«

48 Vgl. »Trendstudie Zukunft Vereinbarkeit«, Conpadres.de, https://conpadres.de/trendstudie/

49 Statistisches Bundesamt, Gender Pay Gap 2022: Frauen verdienten pro Stunde 18 % weniger als Männer, https://www.destatis.de/DE/Presse/Pressemitteilungen/2023/01/PD23_036_621.html

50 Vgl. Caroline Criado-Perez, Unsichtbare Frauen: Wie eine von Daten beherrschte Welt die Hälfte der Bevölkerung ignoriert, btb, München 2021, S.108

51 Eine Initiative von rund 40 Ehrenamtlichen, die Menschen, Firmen und Verbände unterstützen, indem sie auf die unfaire Verteilung von Care-Arbeit aufmerksam machen und politische Forderungen formulieren sowie Lösungen erarbeiten.

52 Vgl. Bundesministerium für Familie, Senioren, Frauen und Jugend, »Fast ein Viertel der über 80-Jährigen in Deutschland leidet unter

Altersarmut«, 2021, https://www.bmfsfj.de/bmfsfj/aktuelles/presse/pressemitteilungen/fast-ein-viertel-der-ueber-80-jaehrigen-in-deutschland-leidet-unter-altersarmut-190132

53 Vgl. Caroline Criado-Perez, Unsichtbare Frauen: Wie eine von Daten beherrschte Welt die Hälfte der Bevölkerung ignoriert, btb, München 2021, S. 112

54 Henrik Kleven, »Child Penalties Across Countries: Evidence and Explanations«, 2019, https://www.henrikkleven.com/uploads/3/7/3/1/37310663/klevenetal_aea-pp_2019.pdf

55 Vgl. ebd.

56 Vgl. Larissa Holzki, »Für Frauen sind Kinder beim Gehalt eine Strafe«, Süddeutsche Zeitung, 2019, https://www.sueddeutsche.de/karriere/gehalt-kind-frauen-ungerechtigkeit-1.4303712

57 Vgl. Bertelsmann Stiftung, »Armutsrisiko ›alleinerziehend‹ – wieso, weshalb, warum?«, https://www.bertelsmann-stiftung.de/fileadmin/files/Projekte/Familie_und_Bildung/Armutsrisiko_alleinerziehend.pdf

58 Vgl. Bundesministerium für Familie, Senioren, Frauen und Jugend, »Allein- und Getrennterziehende fördern und unterstützen«, https://www.bmfsfj.de/bmfsfj/themen/familie/chancen-und-teilhabe-fuer-familien/alleinerziehende

59 Vgl. Bertelsmann Stiftung, »Armutsrisiko ›alleinerziehend‹ – wieso, weshalb, warum?«, https://www.bertelsmann-stiftung.de/fileadmin/files/Projekte/Familie_und_Bildung/Armutsrisiko_alleinerziehend.pdf

60 Vgl. Larissa Holzki, »Für Frauen sind Kinder beim Gehalt eine Strafe«, Süddeutsche Zeitung, 2019, https://www.sueddeutsche.de/karriere/gehalt-kind-frauen-ungerechtigkeit-1.4303712

61 Vgl. Michaela Haas, »Acht Gründe für die Vier-Tage-Woche«, Süddeutsche Zeitung, 2018, https://sz-magazin.sueddeutsche.de/die-loesung-fuer-alles/acht-gruende-fuer-die-vier-tage-woche-85798

62 Vgl. Bundesministerium für Familie, Senioren, Frauen und Jugend, »Väter und Vereinbarkeit«, https://www.bmfsfj.de/bmfsfj/service/publikationen/vaeter-und-vereinbarkeit-121316

63 Vgl. Lisa Jaspers, Naomi Ryland, Silvie Horch (Hrsg.), unlearn patriarchy, Berlin, Ullstein Buchverlage GmbH, 2022, S. 88

64 Vgl. Merve Kayikci, »Die Astronautin und der ›Spitzenvater‹ – was Insa Thiele-Eich zu dem Shitstorm nach der Preisverleihung sagt«, Spiegel.de, 2019, https://www.spiegel.de/panorama/insa-thiele-eich-was-die-astronautin-zum-spitzenvater-preis-fuer-ihren-mann-sagt-a-aeb2aa92-4d61-44e0-b671-d0c67f0cbbc8

65 Vgl. McKinsey, »A fresh look at paternity leave: Why the benefits extend beyond the personal«, 2021, https://www.mckinsey.com/

capabilities/people-and-organizational-performance/our-insights/a-fresh-look-at-paternity-leave-why-the-benefits-extend-beyond-the-personal

66 Vgl. Statistisches Bundesamt, »Zwei Monate Elterngeld: Drei von vier Vätern planten 2020 mit der Mindestdauer«, https://www.destatis.de/DE/Presse/Pressemitteilungen/Zahl-der-Woche/2021/PD21_19_p002.html

67 Vgl. Stefan Küpper, et al., »Paarbezüge in der Elterngeldstatistik«, 2022, https://www.destatis.de/DE/Methoden/WISTA-Wirtschaft-und-Statistik/2022/01/paarbezuege-elterngeldstatistik-012022.pdf?__blob=publicationFile, S. 117

68 Vgl. »Mental Load – Do you equal care?«, equalcareday.de, https://equalcareday.de/mental-load/

69 Vgl. Markus Deggerich, Heike Klovert, Marc Röhlig und Julia Stanek, »Worunter moderne Väter leiden«, Der Spiegel, 33/2021, https://www.spiegel.de/familie/familie-heute-worunter-moderne-vaeter-leiden-a-e9875cbb-4c83-4ae1-9003-a6445ad70835

70 Vgl. Franziska Schutzbach, Die Erschöpfung der Frauen. Wider die weibliche Verfügbarkeit, Droemer Verlag, 2021, S. 179

71 Vgl. ebd.

72 Vgl. ebd. S. 85

73 Vgl. ebd., S. 87

74 Vgl. Caroline Criado-Perez, Unsichtbare Frauen: Wie eine von Daten beherrschte Welt die Hälfte der Bevölkerung ignoriert«, btb, München 2021, S. 104

75 Vgl. ebd.

76 Vgl. ebd.

77 Vgl. Caroline Criado-Perez, Unsichtbare Frauen: Wie eine von Daten beherrschte Welt die Hälfte der Bevölkerung ignoriert«, btb 2021, S. 104

78 Luisa Fernau, »Warum die Farbe Rosa einst Männersache war«, Geo, https://www.geo.de/wissen/19876-rtkl-geschlechterklischees-warum-die-farbe-rosa-einst-maennersache-war

79 Vgl. Christiane Kolb, Aufklärung von Anfang an, Kösel, 2022, S. 209

literaturverzeichnis

literatur

Badinter, Elisabeth: *Die Mutterliebe*, München, R. Piper & Co. Verlag, 1981

Blaffer Hrdy, Sarah: *Mutter Natur. Die weibliche Seite der Evolution*, Berlin Verlag, 2000

Brizendine, Louann: *The Female Brain*, New York, Harmony, 2007

Conaboy, Chelsea: *Mother Brain. Separating Myth from Biology – the Science of the Parental Brain*, Weidenfeld & Nicolson, 2022

Criado-Perez, Caroline: *Unsichtbare Frauen: Wie eine von Daten beherrschte Welt die Hälfte der Bevölkerung ignoriert*, München, btb, 2021

Jaspers, Lisa; Naomi Ryland, Silvie Horch (Hrsg.): *unlearn* ~~patriarchy~~, Berlin, Ullstein Buchverlage GmbH, 2022

Joel, Daphna: *Das Gehirn hat kein Geschlecht*, München, dtv Verlagsgesellschaft mbH & Co. KG, 2019

Krüger-Kirn, Helga; Leila Zoe Tichy: *Elternschaft und Gendertrouble. Geschlechterkritische Perspektiven auf den Wandel der Familie.* Opladen/Berlin/Toronto: Verlag Barbara Budrich. 2021

Krüger-Kirn, Helga; Marita Metz-Becker, Ingrid Rieken (Hrsg.): *Mutterbilder. Kulturhistorische, sozialpolitische und psychoanalytische Perspektiven*. Psychosozial Verlag, 2016

Largo, Remo H.: *Babyjahre*, München, Piper Verlag, 2010

Mierau, Susanne: *Mutter. Sein. Von der Last eines Ideals und dem Glück des eigenen Wegs*. Beltz Verlag Weinheim, 2019

Pickert, Nils: *Lebenskompliz*innen: Liebe auf Augenhöhe*, Beltz Verlag Weinheim, 2022

Raphael, Dana: *Being Female: Reproduction, Power, and Change* (World Anthropology), De Gruyter Mouton, 1975

Renz-Polster, Herbert: *Kinder verstehen*, München, Kösel 2015

Rösler, Annika; Evelyn Höllrigl Tschaikner: *Nachwehen*, München, Kösel 2021

Rousseau, Jean-Jacques: *Emile oder Über die Erziehung. Aus dem Französischen von Ludwig Schmidts*. Paderborn/München, Schöningh, 1998 (1762)

Rulffes, Evke: *Die Erfindung der Hausfrau – Geschichte einer Entwertung*, Hamburg, HarperCollins, 2021

Schutzbach, Franziska: *Die Erschöpfung der Frauen. Wider die weibliche Verfügbarkeit*, München, Droemer Verlag, 2021

Tucker, Abigail: *Was es bedeutet, eine Mutter zu werden*, Berlin, Ullstein Paperback, 2021

internetquellen/studien

Alle Links zuletzt geprüft am 01.02.2023

Abraham, Eyal; Talma Hendler, Irit Shapira-Lichter, Ruth Feldman et al., »Father's brain is sensitive to childcare experiences«, 2014, https://www.pnas.org/doi/10.1073/pnas.1402569111

Amtsblatt der Europäischen Union, 2019, https://eur-lex.europa.eu/legal-content/DE/TXT/PDF/?uri=CELEX:32019L1158&rid=1

Arens, Marianne: »Systemrelevant & totgespart«: Kitapersonal fordert bessere Arbeitsbedingungen«, *World Socialist Web Site*, 2022, https://www.wsws.org/de/articles/2022/05/05/kita-m05.html

Athan, Aurélie: »Matrescence: the emerging mother«, 2019, https://medium.com/@ama81/matrescence-the-emerging-mother-69d1699ff0cc

Ask Dr. Sears, https://www.askdrsears.com/topics/parenting/attachment-parenting/

Ayerle, Nina: »Wie Väter ihre Töchter prägen«, *Spektrum.de*, 2021, https://www.spektrum.de/news/familie-wie-wichtig-ist-die-vater-tochter-beziehung/1900090

Bertelsmann Stiftung, »Armutsrisiko alleinerziehend«, https://www.bertelsmann-stiftung.de/fileadmin/files/Projekte/Familie_und_Bildung/Armutsrisiko_alleinerziehend.pdf

Brinkman Sally A., »Efficacy of infant simulator programmes to prevent teenage pregnancy: a school-based cluster randomised controlled trial in Western Australia«, PhD, August 25, 2016, https://www.thelancet.com/journals/lancet/article/PIIS0140-6736(16)30384-1/fulltext

Bublak, Robert: »Stillen macht Mütter aggressiv«, Ärzte Zeitung, 2011, https://www.aerztezeitung.de/Medizin/Stillen-macht-Muetter-aggressiv-261021.html

Bundesministerium für Familie, Senioren, Frauen und Jugend, »Allein- und Getrennterziehende fördern und unterstützen«, 2023, https://www.bmfsfj.de/bmfsfj/themen/familie/chancen-und-teilhabe-fuer-familien/alleinerziehende

Bundesministerium für Familie, Senioren, Frauen und Jugend, »Fast ein Viertel der über 80-Jährigen in Deutschland leidet unter Altersarmut«,

2021, https://www.bmfsfj.de/bmfsfj/aktuelles/presse/pressemitteilungen/fast-ein-viertel-der-ueber-80-jaehrigen-in-deutschland-leidet-unter-altersarmut-190132

Bundesministerium für Familie, Senioren, Frauen und Jugend,»Gender Care Gap – ein Indikator für die Gleichstellung«, 2019, https://www.bmfsfj.de/bmfsfj/themen/gleichstellung/gender-care-gap/indikator-fuer-die-gleichstellung/gender-care-gap-ein-indikator-fuer-die-gleichstellung-137294

Bundesministerium für Familie, Senioren, Frauen und Jugend, »Stief- und Patchworkfamilien in Deutschland«, https://www.bmfsfj.de/resource/blob/76242/1ab4cc12c386789b943fc7e12fdef6a1/monitor-familienforschung-ausgabe-31-data.pdf

Bundesministerium für Familie, Senioren, Frauen und Jugend, »Soziale Berufe – interessant für Frauen und Männer«, 2021, https://www.bmfsfj.de/bmfsfj/themen/gleichstellung/aufwertung-sozialer-berufe/soziale-berufe-interessant-fuer-frauen-und-maenner-181446

Bundesministerium für Familie, Senioren, Frauen und Jugend, »Väter und Vereinbarkeit«, 2019, https://www.bmfsfj.de/bmfsfj/service/publikationen/vaeter-und-vereinbarkeit-121316

Bundesministerium für Familie, Senioren, Frauen und Jugend, »Väterreport. Update 2021«, https://www.bmfsfj.de/resource/blob/186176/81ff4612aee448c7529f775e60a66023/vaeterreport-update-2021-data.pdf

Bündnisreport gegen Homophobie, 2021, https://berlin.lsvd.de/wp-content/uploads/2016/12/FINALBuendnisreport_2021_barrierefrei.pdf

Callaghan, Bridget et al.: »Evidence for cognitive plasticity during pregnancy via enhanced learning and memory«. 2022, http://doi.org/10.1080/09658211.2021.2019280

Caria, Andrea; Simona De Falco, Paola Venuti, Sangkyun Lee, Gianluca Esposito, Paola Rigo, Niels Birbaumer, Marc H. Bornsteine, »Species-specific response to human infant faces in the premotor cortex«, Neuroimage, 2012, https://www.sciencedirect.com/science/article/abs/pii/S1053811911014704

Conpadres.de, »Trendstudie Zukunft Vereinbarkeit«, 2022, https://conpadres.de/trendstudie/

Cuttler, Carrie; Jodi Pawluski, Peter Graf, Liisa Galea, »Everyday life memory deficits in pregnant women.« Canadian Journal of Experimental Psychology, 2011, https://pubmed.ncbi.nlm.nih.gov/21443327/

Davies SJ, Lum JA, Skouteris H, Byrne LK, Hayden MJ. »Cognitive impairment during pregnancy: a meta-analysis«, 2018, https://pubmed.ncbi.nlm.nih.gov/29320671/

Deggerich, Markus; Heike Klovert, Marc Röhlig und Julia Stanek, »Worunter moderne Väter leiden«, *Der Spiegel*, 33/2021, https://www.spiegel.de/

familie/familie-heute-worunter-moderne-vaeter-leiden-a-e9875cbb-4c83-4ae1-9003-a6445ad70835

Deutsche Handwerkszeitung, 2022, https://www.deutsche-handwerks-zeitung.de/vaterschaftsurlaub-deutschland-setzt-eu-regeln-vorerst-nicht-um-253223/

Deutscher Bundestag, https://www.bundestag.de/resource/blob/678118/fe6786d7febcf160b2ddbddc34d40ce1/WD-9-089-19-pdf-data.pdf

DiPietro, Janet A. et al.: »The psychophysiology of the maternal–fetal relationship«, First published: 26 April 2004, https://pubmed.ncbi.nlm.nih.gov/15189474/

Elkadry E, Kenton K, White P, Creech S, Brubaker L.: »Do mothers remember key events during labor?«, Am J Obstet Gynecol. 2003, https://pubmed.ncbi.nlm.nih.gov/12861162/

Equal Care Day, »Mental Load – Do you equal care?«, equalcareday.de, https://equalcareday.de/mental-load/

Esposito, Gianluca; Nakazawa Jun, Ogawa Shota, Stival Rita, Kawashima Akiko, Putnick Diane L., Bornstein Marc H.: »Baby, You Light-Up My Face: Culture-General Physiological Responses to Infants and Culture-Specific Cognitive Judgements of Adults«, 2014, https://journals.plos.org/plosone/article?id=10.1371/journal.pone.0106705

Feldman, Ruth, https://ruthfeldmanlab.com/wp-content/uploads/2019/06/biobehavioral-synchrony.PARENTING2012.pdf

Luisa, Fernau: »Warum die Farbe Rosa einst Männersache war«, Geo, https://www.geo.de/wissen/19876-rtkl-geschlechterklischees-warum-die-farbe-rosa-einst-maennersache-war

Forrester, Gillian S.; Rachael Davis, Denis Mareschal, Gianluca Malatesta, Brenda K. Todd: »The left cradling bias: An evolutionary facilitator of social cognition?«, Cortex, Volume 118, 2019, Pages 116-131, ISSN 0010-9452, https://doi.org/10.1016/j.cortex.2018.05.011

Glynn, Laura M.: »Increasing Parity Is Associated with Cumulative Effects on Memory«, Journal of Women's Health, Oct 2012. 1038-1045, http://doi.org/10.1089/jwh.2011.3206

Goddemeier, Christof: »Donald Winnicott (1896–1971): Wegbereiter der Kinderpsychotherapie«, 2021, https://www.aerzteblatt.de/archiv/217726/Donald-Winnicott-(1896-1971)-Wegbereiter-der-Kinder-psychotherapie

Haas, Michaela: »Acht Gründe für die Vier-Tage-Woche«, *Süddeutsche Zeitung*, 2018, https://sz-magazin.sueddeutsche.de/die-loesung-fuer-alles/acht-gruende-fuer-die-vier-tage-woche-85798

Hackenbroch, Veronika: »Invasion der kindlichen Zellen«, Spiegel, 4/2009, http://magazin.spiegel.de/EpubDelivery/spiegel/pdf/63637479

Hahn-Holbrook, Jennifer: »Die psychischen Effekte des Stillens«, The Global

Health Network, 2022, https://tghncollections.pubpub.org/pub/8-die-psychischen-effekte-des-stillens/release/1
Hilfiker-Kleiner, Denise; Elisabeth Schieffer et al., »Postpartum cardiomyopathy: a cardiac emergency for gynecologists, general practitioners, internists, pulmonologists, and cardiologists«, Deutsches Ärzteblatt International, 2008, https://pubmed.ncbi.nlm.nih.gov/19623273/
Hoekzema, Elseline et al.: »Becoming a mother entails anatomical changes in the ventral striatum of the human brain that facilitate its responsiveness to offspring cues«, Psychoneuroendocrinology, Volume 112, February 2020, 104507 https://pubmed.ncbi.nlm.nih.gov/31757430/
Hoekzema, Elseline et al.: »Mapping the effects of pregnancy on resting state brain activity, white matter microstructure, neural metabolite concentrations and grey matter architecture«. Nat Commun 13, 2022, https://www.nature.com/articles/s41467-022-33884-8
Holzki, Larissa: »Für Frauen sind Kinder beim Gehalt eine Strafe«, *Süddeutsche Zeitung*, 2019, https://www.sueddeutsche.de/karriere/gehalt-kind-frauen-ungerechtigkeit-1.4303712
Hutting, Charlotte: »What Is a Kraamverzorgster and Where Can I Find One?«, *Amsterdam-mamas.nl*, 2017, https://amsterdam-mamas.nl/articles/what-is-a-kraamverzorgster-and-where-can-i-find-one/
Kahlweit, Cathrin: »Haben Sie ein Lieblingskind?«, Süddeutsche Zeitung, 2016, https://sz-magazin.sueddeutsche.de/familie/haben-sie-ein-lieblingskind-82253
Kayikci, Merve: »Die Astronautin und der ›Spitzenvater‹ – was Insa Thiele-Eich zu dem Shitstorm nach der Preisverleihung sagt«, *Spiegel.de*, 2019, https://www.spiegel.de/panorama/insa-thiele-eich-was-die-astronautin-zum-spitzenvater-preis-fuer-ihren-mann-sagt-a-aeb2aa92-4d61-44e0-b671-d0c67f0cbbc8
Kim, Pilyoung; Christian G. Capistrano, Andrew Erhart, Rachel Gray-Schiff, Nanxi Xu: »Socioeconomic disadvantage, neural responses to infant emotions, and emotional availability among first-time new mothers«, *Behavioural Brain Research*, Volume 325, Part B, 2017, Pages 188-196, ISSN 0166-4328, https://doi.org/10.1016/j.bbr.2017.02.001
Kückens, Johannes: »Die Entdeckung der Kindheit: Wie Rousseau die Pädagogik revolutionierte«, GEO, https://www.geo.de/magazine/geo-kompakt/6772-rtkl-kindheit-rousseau-entdecker-der-kindheit
Kim, Sohye; Peter Fonagy, Jon Allen & Lane Strathearn: »Mothers' unresolved trauma blunts amygdala response to infant distress«, S. 352-363 | Received 07 Sep 2013, Accepted 13 Feb 2014, Published online: 17 Mar 2014, https://doi.org/10.1080/17470919.2014.896287
Kleven, Henrik: »Child Penalties Across Countries: Evidence and Explana-

tions«, 2019, https://www.henrikkleven.com/uploads/3/7/3/1/37310663/klevenetal_aea-pp_2019.pdf

Kluger, Jeffrey: »Playing Favorites: Why Mom Likes You (or One of Your Siblings) Best«, Time, 2011, https://healthland.time.com/2011/09/22/favoritism-why-mom-likes-you-or-one-of-your-siblings-best/

Küpper, Stefan et al.: »Paarbezüge in der Elterngeldstatistik«, 2022, https://www.destatis.de/DE/Methoden/WISTA-Wirtschaft-und-Statistik/2022/01/paarbezuege-elterngeldstatistik-

Lim, G.: »Do fetal cells repair maternal hearts?« *Nat Rev Cardiol*, 9, 67 2012, https://doi.org/10.1038/nrcardio.2011.197

Luders, Eileen et al.: »From baby brain to mommy brain: Widespread gray matter gain after giving birth«, 2020, https://neuro-jena.github.io/pdf/Luders-Cor20.pdf

McKinsey, »A fresh look at paternity leave: Why the benefits extend beyond the personal«, 2021, https://www.mckinsey.com/capabilities/people-and-organizational-performance/our-insights/a-fresh-look-at-paternity-leave-why-the-benefits-extend-beyond-the-personal

Mack, Martin, Facharzt für Diagnostische Radiologie und u. a. Experte für die CT- und MRT-Diagnostik aller Organe, Radiologie München, vgl. https://www.focus.de/gesundheit/experten/mrt-in-der-schwangerschaft-arzt-beantwortet-wichtige-fragen_id_10064149.html

Mangold, Gudrun: »Freud Analyse – Runter von der Couch«, *Tagesspiegel*, 2011, https://www.tagesspiegel.de/kultur/runter-von-der-couch-7025923.html

Martin, Nina; Renee Montagne: »The Last Person You'd Expect To Die In Childbirth«, *Lost Mothers: Maternal Mortality in the U-S.*, https://www.npr.org/2017/05/12/527806002/focus-on-infants-during-childbirth-leaves-u-s-moms-in-danger

Martínez-García, Magdalena et al.: »First-time fathers show longitudinal gray matter cortical volume reductions: evidence from two international samples«, *Cerebral Cortex*, 2022; bhac333, https://doi.org/10.1093/cercor/bhac333

Martínez-García, Magdalena; María Paternina-Die, Manuel Desco, Oscar Vilarroya, Susanna Carmona: »Characterizing the Brain Structural Adaptations Across the Motherhood Transition«, Frontiers in Global Women's Health, 07 October, 2021, https://www.frontiersin.org/articles/10.3389/fgwh.2021.742775/full

Mateos-Aparicio, Pedro; Rodríguez-Moreno, Antonio: »The Impact of Studying Brain Plasticity«, https://www.frontiersin.org/articles/10.3389/fncel.2019.00066/full

Maupin, Angela N.; Helena J. V. Rutherford, Nicole Landi, Marc N. Potenza,

Linda C. Mayes: »Investigating the association between parity and the maternal neural response to infant cues«, 2019, https://doi.org/10.1080/17470919.2017.1422276

Max-Planck-Gesellschaft, https://www.mpg.de/151390/hirnforschung

Max-Planck-Gesellschaft, »Die Stummschaltung im Genom aufheben«, 2022, https://www.mpg.de/18129995/die-stummschaltung-im-genom-aufheben

Max-Planck-Institut, »Zeig' mir deinen Hirnscan und ich sag' dir, wie alt du wirklich bist«, 2022, https://www.cbs.mpg.de/zeig-mir-deinen-hirnscan-und-ich-sag-dir-wie-alt-du-wirklich-bist

McKay, S; Barrows TL: »Reliving birth: maternal responses to viewing videotape of their second stage labors«. Image J Nurs Sch., 1992, https://pubmed.ncbi.nlm.nih.gov/1541467/

Merkelt, Judith: »Wir Omamutterkind-Mischwesen«, Spektrum.de, 2015, https://www.spektrum.de/news/wir-omamutterkind-mischwesen/1345475

Moldenhauer, Julie S.: »Übersicht über die Versorgung nach der Geburt«, 2022, https://www.msdmanuals.com/de-de/heim/gesundheitsprobleme-von-frauen/versorgung-nach-der-geburt/%C3%BCbersicht-zur-wochenbettphase-postpartaler-abschnitt

Montirosso, R, Arrigoni F, Casini E, Nordio A, De Carli P, Di Salle F, Moriconi S, Re M, Reni G, Borgatti R.: »Greater brain response to emotional expressions of their own children in mothers of preterm infants: an fMRI study«. J Perinatol. 2017 10.1038/jp.2017.2

Müller, Thomas: »Schwangerschaften scheinen vor Alzheimer zu schützen«, *Die Neurologie und Psychiatrie,* Ausgabe 5, 2018, https://doi.org/10.1007/s15202-018-2049-8

Myers, Johns SE: »Male infants and birth complications are associated with increased incidence of postnatal depression«, Soc Sci Med. 2019, 10.1016/j.socscimed.2018.10.008

Neue Züricher Zeitung, »Was Eltern liebe macht«, 2012, https://www.nzz.ch/was-eltern-liebe-macht-ld.637876

Neurologen und Psychiater im Netz, »Depression nach der Geburt trifft auch Väter: Frühzeitige Hilfe wichtig«, 2017, https://www.neurologen-und-psychiater-im-netz.org/neurologie/ratgeber-archiv/artikel/depression-nach-der-geburt-trifft-auch-vaeter-fruehzeitige-hilfe-wichtig

Nguyen Trinh et al.: »Interpersonal Neural Synchrony During Father – Child Problem Solving: An fNIRS Hyperscanning Study«, First published: 10 January 2021, https://doi.org/10.1111/cdev.13510

Oatridge, Angela et al.: »Change in Brain Size during and after Pregnancy: Study in Healthy Women and Women with Preeclampsia«, American

Journal of Neuroradiology, January 2002, 23 (1) 19–26, https://www.ncbi.nlm.nih.gov/pmc/articles/PMC7975506/

Orchard, Edwina et al.: »Evidence of Subjective, But Not Objective, Cognitive Deficit in New Mothers at 1-Year Postpartum«. J Womens Health, 2022, https://pubmed.ncbi.nlm.nih.gov/35980243/

Orchard, Edwina R.; Helena J. V. Rutherford, Avram J. Holmes, Sharna D. Jamadar: »Matrescence: lifetime impact of motherhood on cognition and the brain, Trends in Cognitive Sciences«,
2023, https://www.sciencedirect.com/science/article/pii/S1364661322003023

Oxfam Deutschland, »Unbezahlte Hausarbeit, Pflege und Fürsorge«, https://www.oxfam.de/unsere-arbeit/themen/care-arbeit

Oxfam Deutschland, »12 Milliarden Stunden Arbeit – ohne bezahlt zu werden«, 2020, https://www.oxfam.de/ueber-uns/aktuelles/oxfams-studie-sozialer-ungleichheit-12-milliarden-stunden-arbeit-ohne-bezahlt

Paschke, Peggy: »Mikrochimären«, Laborjournal-Ausgabe 11, 2008, https://www.laborjournal.de/rubric/stichwort/stichwort/w_08_11.php

Pawluski, Jodi L., »Memory and Motherhood: Is It Better Than What We Think?« *Journal of Women's Health,* Aug 2022.1067-1068.http://doi.org/10.1089/jwh.2022.0150

Pawluski, Jodi L.: »The Perfect Storm: Understanding Perinatal Mental Illness«, 2022,https://www.inspirethemind.org/post/the-perfect-storm-understanding-perinatal-mental-illness

Pawluski, Jodi L.; Elseline Hoekzema, Benedetta Leuner, Joseph Lonstein: »Less Can Be More: Fine Tuning the Maternal Brain«, 2022, https://pubmed.ncbi.nlm.nih.gov/34864004/

Persson, Petra; Rossin-Slater, Maya: »When Dad Can Stay Home: Fathers' Workplace Flexibility and Maternal Health«, 2019, https://www.nber.org/papers/w25902

Pregnancy Birth and Beyond, https://www.pbbmedia.org/ne-plus-ultra/were-you-supported-during-your-matrescence

Ratzesberger, Pia: »Mutter Natur«, *Süddeutsche Zeitung*, 30.09.22, https://www.sueddeutsche.de/projekte/artikel/gesellschaft/geburt-mutterschaft-natuerlichkeit-e318003/?reduced=true

Regenbogenportal.de, »Aktuelle Herausforderungen für Regenbogenfamilien«, https://www.regenbogenportal.de/informationen/aktuelle-herausforderungen-fuer-regenbogenfamilien

Sacks, Alexandra: TED Talk »A new way to think about the transition to motherhood« https://www.ted.com/talks/alexandra_sacks_a_new_way_to_think_about_the_transition_to_motherhood

Saxbe, Darby; Martínez-García, Magdalena: Cortical volume reductions in men transitioning to first-time fatherhood reflect both parenting engagement and mental health risk, *Cerebral Cortex*, Volume 34, Issue 4, April 2024, bhae126, https://doi.org/10.1093/cercor/bhae126

Stangl, W., »Theory of Mind«, 2022, https://lexikon.stangl.eu/511/theory-of-mind

Statista, »Deutschland gibt gemessen am BIP vergleichsweise wenig für Bildung aus«, 2020, https://de.statista.com/infografik/15423/bildungsausgaben-gemessen-am-bip/

Statistisches Bundesamt, »Gender Care Gap – ein Indikator für die Gleichstellung«, 2019, https://www.bmfsfj.de/bmfsfj/themen/gleichstellung/gender-care-gap/indikator-fuer-die-gleichstellung/gender-care-gap-ein-indikator-fuer-die-gleichstellung-137294

Statistisches Bundesamt, »Gender Pay Gap 2021: Frauen verdienten pro Stunde weiterhin 18 % weniger als Männer«, 2022, https://www.destatis.de/DE/Presse/Pressemitteilungen/2022/03/PD22_088_621.html

Statistisches Bundesamt, »Qualität der Arbeit – Personen in Elternzeit«, https://www.destatis.de/DE/Themen/Arbeit/Arbeitsmarkt/Qualitaet-Arbeit/Dimension-3/elternzeit.html

Statistisches Bundesamt, »Zwei Monate Elterngeld: Drei von vier Vätern planten 2020 mit der Mindestdauer«, 2021, https://www.destatis.de/DE/Presse/Pressemitteilungen/Zahl-der-Woche/2021/PD21_19_p002.html

SWR2 Zeitgenossen »Frauen sind keine kleinen Männer«, Vera Regitz-Zagrosek, 2021, https://www.swr.de/swr2/leben-und-gesellschaft/vera-regitz-zagrosek-frauen-sind-keine-kleinen-maenner-100.html

University of Cambridge, »Why baby's sex may influence risk of pregnancy-related complications.« ScienceDaily, 12 July 2018, www.sciencedaily.com/releases/2018/07/180712100532.htm

Unverzagt, Gerlinde: »Mutti, wie hast du dich verändert«, *Berliner Morgenpost*, 2017, https://www.morgenpost.de/berlin/article210564351/Mutti-wie-hast-du-dich-veraendert.html

Varricchio, David J. et al.: »Avian Paternal Care Had Dinosaur Origin«, *Science*, 19 Dec 2008, Vol 322, Issue 5909, pp. 1826-1828, DOI: 10.1126/science.1163245

Vossen, Timmermans, Albers: »Evidence for the existence of mothering styles in guinea pigs (Cavia Aperea F. Porcellus)«, Behavior, 1999, https://brill.com/view/journals/beh/136/4/article-p469_5.xml

Wallis, Christopher J. D., »Association of Surgeon-Patient Sex Concordance With Postoperative Outcomes«, 2021, https://jamanetwork.com/journals/jamasurgery/article-abstract/2786671?utm_campaign=articlePDF&utm_medium=articlePDFlink&utm_source=articlePDF&utm_content=jamasurg.2021.6339

Welt.de, »Weckruf der Urzeit«, Welt.de, 2014, https://www.welt.de/print/die_

welt/wissen/article126997431/Weckruf-der-Urzeit.html, Veröffentlicht am 16.04.2014
Wenger, Elisabeth; Ulman Lindenberger: »Gehirnplastizität und das umgekehrte U: Zum Verlauf erfahrungsbedingter Veränderungen der Gehirnstruktur beim Menschen«, Forschungsbericht 2016, Max-Planck-Institut für Bildungsforschung, https://www.mpg.de/10935590/mpib_jb_2016
Wilsoncroft, W. E.: »Babies by bar-press: Maternal behavior in the rat«. 1968, 229 f. https://doi.org/10.3758/BF03208105
Woollett, Katherine: Eleanor A. Maguire: »Acquiring ›the Knowledge‹ of London's Layout Drives Structural Brain Changes«, https://www.ncbi.nlm.nih.gov/pmc/articles/PMC3268356
Zittlau, Jörg: »Jeder Mensch ist eine Frühgeburt«, *Frankfurter Rundschau*, 2013, https://www.fr.de/wissen/jeder-mensch-eine-fruehgeburt-11273795.html

sonstige

Feldman, Ruth; Kyle Pruett: »Building the House Within Speaker Series – Paternal Instinct«, Simms/Mann Institute, 2014, https://www.youtube.com/watch?v=V2fkFYO4Yk4&t=2767s
Feldman, Ruth: »Do All Parent's Brains Change During Pregnancy?«, Simms/Mann Institute, 2017, https://www.youtube.com/watch?v=0zmHNfNHdbc&t=11s
Feldman, Ruth: »Learning to Synchronize«, Simms/Mann Institute, 2017, https://www.youtube.com/watch?v=HS3Y7O-3KsA
Friedrichs, Julia; Andreas Spinrath, Nina Ostersehlte: *HERstory*, Das Erste, 2021, https://www.daserste.de/information/reportage-dokumentation/herstory/videos/vorschau-herstory-folge-1-video-100.html
Morris, Stephen: »Domino Chain Reaction«, https://www.youtube.com/watch?v=y97rBdSYbkg
Pawluski, Jodi: »Adult-Infant Brain Synchrony and the Importance of Maternal Cues«, *Mommy Brain Revisited Podcast*, 2022, https://www.jodipawluski.com/mommybrainrevisited/episode/3d1649bf/30-adult-infant-brain-synchrony-and-the-importance-of-maternal-cues
Pawluski, Jodi: »31. Memory Expertise in Pregnancy«, Mommy Brain Revisited Podcast, 2022, https://www.jodipawluski.com/mommybrainrevisited/episode/24d30f8f/31-memory-expertise in pregnancy
SWR2 Wissen »Die Hausfrau – Was Care Arbeit mit Kapitalismus zu tun hat«, 2022, https://www.ardaudiothek.de/episode/swr2-wissen/die-hausfrau-was-care-arbeit-mit-kapitalismus-zu-tun-hat/swr2/10780525/